THINK STRAIGHT

改變你的思維，改變你的生活

關鍵思考力

CHANGE YOUR THOUGHTS, CHANGE YOUR LIFE

DARIUS FOROUX 達瑞斯・佛魯——著 李麗珉——譯

目錄

「如果你能改變你的想法，
你就能改變你的生活。」

——威廉·詹姆士

你變成了你所想的樣子

一八六九年，一名剛從哈佛醫學院畢業、成為醫生的二十七歲男子，經歷了一場「價值的危機」。這並不是他第一次面對這樣的逆境。在醫學院的六年裡，他的學習過程屢次被各種疾病和沮喪打斷。不過，這次的情況更糟了。他甚至有好幾個月的時間都企圖要自殺。這位年輕人名叫威廉．詹姆士，日後，他成為美國頂尖的心理學家，並且是實用主義哲學學派的創始人之一。詹姆士花了三年的時間，憑藉一己之力克服了他的憂鬱症。

說得清楚一點，詹姆士不只情緒低落。《威廉．詹姆士文集》一書的編輯約翰．麥德摩特形容他的精神狀態嚴重到：「詹姆士一生中，花了很多時間在合理化他不自殺的決定。」在這段期間，詹姆士也歷經了恐慌發作，並產生幻覺。這對他而言並不陌生。他的父親在他出現這些症狀之前好幾年，也面臨過同樣的困擾。這讓詹姆士相信他的情況是生物性的，也因此是他無法克服的。然而，在一八七〇年拜讀過法國哲學家夏爾・雷諾維耶的一篇論文之後，詹姆士達成了心理上的一項重大突破。

他在日記中寫道：「我想，昨天是我生命中的一場危機。我讀完了雷諾維耶第二篇〈論文〉的第一部分，我無法理解為何他對於自由意志的定義──『在我可能還有其他想法的情況下，我選擇讓某一個特定想法持續存在』──會被定義為幻覺。無論如何，從現在到明年，我都會假設這不是幻覺。我的第一個自由意志的行動就是『相信自由意志』。」

這個見解就是詹姆士和查爾斯・桑德斯・皮爾斯在多年後創立的實用主義哲學派的核心。詹姆士發現，我們有能力選擇某個想法，而不是其他的想法。換句話說，我們可以控制我們的想法。

然而，詹姆士並沒有說，我們可以控制我們的意識。當我們坐下來，對自己的想法觀察幾分鐘之後，我們會發現有很多事情出現在我們的腦海裡。那些想法就在「那裡」。我們對此無能為力。但由於我們擁有自由意志，我們可以決定我們要專注在哪些想法上。因此，我們可以影響意識的方向。

這項認知對我們生活的方式至關重要。這就是「我無法控制自己有這樣的感覺」和「我有這樣的感覺是因為我*決定*要這樣去感覺」之間的差別。

重點在於*決定*。而那就是本書的主旨：透過練習，你可以更好地控制自己的想法，從而*決定*自己所想的。

一旦我們能更好地控制自己的想法，我們就可以改善自己的生活品質以及職業生涯的成果。那就是我在本書中的觀點。

你有能力決定自己在想什麼。由於你的生活結果取決於你的想法，所以，我認為那是生活中最重要的事。當我們改善思考方式時，沒有什麼是我們無法達成的。這個簡單的認知改變了一切。很多偉大的思想家都曾寫過關於思考的重要性。不過，威廉・詹姆士的教父，也是對他啟發良多的拉爾夫・沃爾多・艾默生曾經用最簡單明瞭的方式說過：「你變成了你整天在想的那個樣子。」

我相信那是真的。然而，我們必須了解，行動源於想法。這意味著沒有改變你的想法，你就無法改變你的行動。讓我們開始吧！

我們為什麼需要一本關於務實思考的書？

大腦是我們最重要的工具。它的重要性超越了任何科技、器械或工具。《喚醒你心中的大師》一書作者羅伯．葛林提出了最貼切的形容：「如果有什麼工具一定會令你愛上並為之著迷，那就是人腦——它是已知的宇宙中最神奇、最令人敬畏的資訊處理工具，它的複雜性超乎我們的理解，其豐富的能力在精密度和實用性上也遠遠勝過任何科技。」

然而有一個問題。這個偉大的工具是我們與生俱來的，但我們卻不知道如何妥善地使用它。我們是欠缺務實的生物。我們認為自己是優秀的思考者，但研究的結果卻顯示不是這麼回事。我們以為自己做出了基於邏輯的務實決定。但事實並非如此，《誰說人是理性的！》一書作者丹・艾瑞利寫道：「我們通常認為自己坐在駕駛座上，對我們所做的決定和人生的方向擁有最終的掌控權；然而，很無奈地，這種觀點與我們的欲望有更大的關係——也就是我們*希望*如何看待自己，而和現實無關。」（我用斜體強調了「希望」這兩個字。）

我們可以肯定地說，我們不是務實的思考者！這可以從科學家在上個世紀發現了超過一百個認知偏差（或錯誤思維）得到證明。我們經常基於本能、情緒，並且在沒有正確資訊之下就做出決定。我讀過好幾本關於如何更好地思考和做出決策的書。我喜歡這些書，但我對這個領域裡的所有書籍有一個問題：它們並不實用。雖然這些書籍很好地藉由分享故事解釋了我們為什麼會這樣思考。不過，我找不到一本實用的書，能夠教你如何改變思考方式。

這就是我為什麼會寫這本小書的原因。我所學到的一切和思考有關的事都涵括在本書裡。我的目標是至少給你一個概念，讓你可以用來改善你的想法，並且最終改善你的生活、事業，或者職涯。這就是我為什麼要在此分享我所有最好的概念。我用一種你可以反覆閱讀的方式來寫這本書。希望本書能成為你的支柱——特別是在艱難時期。為了讓本書更實用，我結合了理論、故事和個人經驗，與你分享你可以實踐（或者不能實踐）的建議。我想要分享的第一個概念是，這類型的書只有在你保持心態開放時才有用。如果你覺得你現在並非如此，我可以幫你省下你生命中的一個小時。放下這本書。燒掉它、退貨、送人，隨便你怎麼做。不管你打算怎麼做，清楚地做個決定：要麼使用它，要麼放下它。

使用有效的方法

我不是神經科學家、心理學家、哲學家，也不是關於「思考」這個主題的專家。我這輩子一直都以為「你無法掌控自己的想法」。但這樣的思維模式並沒有幫到我。我可能今天很開心，明天卻很沮喪。我很容易生氣，也找不到方法來解決我在職業生涯、工作和人際關係上面臨的簡單挑戰。但是，透過經驗、寫日記、閱讀以及大量的內省，我找到了一種改善思維的方法。

我是怎麼知道自己的思考進步了？我不再是思想的奴隸，並且因此而變得比較快樂。我使用我的頭腦，而不再是讓頭腦使用我。對我而言，這就是所謂的更好地思考。這和你的聰明程度或你能解開多少數學方程式無關。這全都關乎於使用你的思維來得到你想要的。

對於「更好地思考」這件事，我不會假裝我有所有的答案。然而，對於我是如何僅藉由自己的思維，過上更快樂、更健康、更富有、更有意義的生活，我確實有解答。

關於「改變思考，改變生活」這個概念，我就是活生生的證明。短短三年以前，我還因為自己的思維而煩惱，放棄了創業夢想，並且討厭自己的生活。我覺得自己被困住了。但我不想對我當時的處境過於誇張。

我想，我們都曾經有過這樣的感覺。如果你還沒有覺得自己被困住，那也只是遲早的事而已。這是現代生活的一部分，很正常。不過，我不是想要嚇唬你，但你知道這些自我幫助的書籍都是些什麼套路，對嗎？「我窮困潦倒，失去了所有的錢。我很沮喪。生活一團糟。就在那時，我發現了X。然後，我的人生就改變了。」

X就是他們想要賣給你的概念。由於我對你說的都是真話，所以我要說，我也一樣。例如，在本書裡，我想要賣給你的概念是關於有用的和沒用的思維。不過還是有一點區別。我給你的是我的觀點——僅此而已。你要怎麼使用這個概念，則由你自己決定。

機能主義心理學派創始者之一暨實用主義者約翰・杜威有句名言：「能起作用的就是真理。」但那並不表示我們應該要相信我們所聽到或讀到的一切。盡信一切會讓我們變得不切實際。

如果我們希望隨時都能清晰地思考，我們就必須腳踏實地，尋求事實，傾聽他人的觀點，然後再做出務實的決定。

清晰地思考需要訓練

我認為思維就像肌肉，需要規律的訓練以保持強壯。訓練思維的一種方法是藉由學習新事物。但我總覺得教育結束時，學習也隨之結束了。對一些人而言，那是他們高中畢業的時候，對另一些人而言，則是他們獲得學士或碩士學位的時候。在我們念書期間，我們學到了新的技能、概念和理論，改變了我們在這個世界上的思維和行事方式。然而，一旦我們建立起一種思維模式，我們就很少改變它。我們傾向維持同樣的思維，因為它帶來熟悉感。我們覺得新奇的事物很可怕——所以就盡量避開它。我們是習慣的生物，偏好放鬆思維，而非緊繃。「我需要放鬆一下，看一些Netflix的節目。」所有不同年齡層的人現在幾乎都這麼說。我自己也曾經這麼說過。

那讓我很好奇，我們需要從什麼事情中休息？是從工作中不斷重複的任務嗎？還是從我們習以為常的思維模式？如果你認真想想的話，我們很少讓我們的思維緊繃，除非有特定的原因——例如一場我們不得不參加的測驗或考試。否則，我們通常都會想：「為什麼要這麼做？」

因為訓練你的思維就像訓練你的身體保持健康一樣。你不會去健身房鍛鍊了四年之後，就一輩子再也不上健身房了。那為什麼不以同樣的方式來訓練你的思維？

尤有甚者，思維是你最重要的工具。如果你想要適當地使用這個工具，你就必須訓練你的思維。斯多葛學派哲學家愛比克泰德說得最好：「智慧的人生就是理性的人生。學會如何清晰思考是非常重要的。清晰思考不是一種隨意的行為。它需要適當的訓練。」

問題是，我們不知道該如何獲得適當的訓練，一如愛比克泰德所說的那樣。在我大部分的人生裡，我的思想都是失控的。我從來沒有想過關於思考的問題。如果你要我畫出我的思想，那它大概會是這個樣子的：

你看到的這團混亂，就是我腦子裡的樣子。那完全是一團混亂。只是一團正面的、負面的、悲傷的、快樂的，以及最重要的——困惑的思想。我常常這麼想：「我的頭腦為什麼不能停下來？暫停的按鍵在哪裡？」現在想起來，我當時並不知道如何使用我的頭腦這個神奇的工具。

從混亂到清晰

二〇一四年，我從我長大的荷蘭呂伐登搬到了倫敦。我從一個有著十萬人口的城市，來到一個擁有七百萬居民的城市。情況比我想像的更困難，特別是在尋找住處這件事上。在做了一些功課並和新同事們聊過之後，我發現，要在短時間內找到一間公寓而不被敲竹槓，幾乎是不可能的事。於是，我決定先租一間房間（這樣就容易多了），為期三個月。在此同時，我計畫探索倫敦不同的地區，找一個可以搭乘大眾運輸系統，在一小時內抵達我工作地點的地方。那是我的計畫。起初，一切都很順利。

兩個月後，我在倫敦西南部的爾斯菲爾德找到了一間負擔得起的一房小公寓。我把一切都計畫好了：取消原本那間房間的租約，並簽下新公寓的合約。我父母和哥哥甚至從荷蘭開車前來幫忙。由於我沒有太多家當，所以，我們用他們的車就可以把我的東西從舊住處搬到只需要十分鐘車程的新家。在我的腦子裡，一切應該是這樣的：我把我的東西打包好，拿到新家的鑰匙，把舊家的鑰匙交還給舊房東，然後搬進新家，放鬆地看Netflix。我還預期這些事都能在同一天內完成。

但事情並未按照我的計畫走。我的新房東在最後一刻改變了心意，決定不出租她的公寓。她在我計畫好的搬家日前一天告訴我這個消息。突然之間，我沒有了住處，只剩下一輛塞滿我行李的SUV。那天晚上，我在我父母的酒店房間裡恐慌發作，而且非常嚴重。

「我不知道該怎麼辦！我無處可去，我的東西都在一輛廂型車裡，我把你們從荷蘭找來，而我現在卻像個笨蛋一樣坐在這裡。」

這天接下來的時間裡，我不停地責怪自己。你也許會想：「真的嗎？」是的，現在回頭想想，我不禁覺得我當時的反應可能有點太戲劇化了。好吧，我們就實話實說吧：我當時太誇張了，不只是有點戲劇化而已。這就是我為什麼要舉這個例子的原因，因為它顯示出我當時的想法有多愚蠢。我花了那麼多時間陷在自己的思緒裡，以至於完全看不清狀況。我並沒有清楚地思考。是什麼讓我做出這樣的反應？一件雞毛蒜皮的小事？拜託。

隔天，我睡醒之後，在我父母和哥哥的鼓勵下，我決定不再為自己感到難過，並且開始尋找解決方案。我對自己說：「想清楚。」

我知道我必須理清這團混亂。我要直接切入重點。這是我的想像：

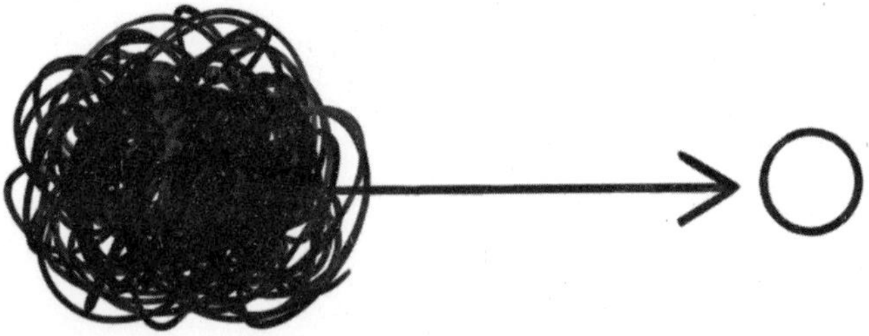

左邊：一團沒用的想法：擔心、焦慮、苦惱、困惑、不知所措。

右邊：一個清晰的想法，具有一個（也是唯一的一個）有用的目的。我想要開始把我的頭腦當作工具。在我這個倫敦故事的案例裡，我需要找到一個解決辦法——盡快。

一旦我開始清晰地思考，情況就變得簡單了。我預訂了一間Airbnb，打算住到我找到新住處為止。最後，我們在Airbnb住了一週。那位女房東又改變了心意，決定把公寓租給我。

因此，我所有的焦慮、擔心和思考都是多餘的。這種情況有多常發生？我們總是基於自己的假設，很快地做出判斷和結論。我們都是人，都會犯錯，會改變心意。而且，我們經常會對不真實的事情做出假設。那很正常。不正常的是，讓你的思維失去控制。

在經過多次無用的思考之後，我決定改變。沒有什麼巨大的頓悟或超級戲劇性的時刻迫使我做出改變。生活不是一齣好萊塢劇集。我所認識的人只有在累積了一堆問題之後才會改變。到了某個時候，我們會起身說：「夠了。」你知道嗎？很多人根本不會改變。但這不是我們需要擔心的事。

在大腦多年的混亂下，我受夠了精神上的折磨。我無法用言辭來美化這種狀況。你不需要等到「失去一切」的那一刻。那種時刻幾乎不會發生。

大約在兩年前，我開始改變我的思維。我學習用清晰取代我腦中的混亂。現在，我的思維很平靜。在本書接下來的篇幅裡，我會和你分享我是如何做到的。不過首先，我想要分享思維的簡史。

思維的簡史（非常簡短）

思維很重要。但並非所有的思維都同等重要。思維的質量最為重要。羅馬帝國皇帝暨斯多葛學派哲學家馬可・奧理略說得最好：「宇宙是變化的；我們的思維造就了我們的生活。」

只要迅速環顧一下我們的四周，我們就可以看到生活改變的速度前所未有之快。工作消失了，智慧型手機讓你變成了行屍走肉，教育花了你好幾千元，生活費快速增加，薪水卻沒有，你留給自己的時間越來越少等等。生活的改變如此之快，快到你每天似乎都在一個新的世界裡醒來！你的思維是如何理解這種情況的？如果你像我一樣，這些變化會引發你大量的思考，也就是擔憂和不確定。我是如何熬過來的？我如何調整我的事業以適應變化的市場？我如何發展我的職業生涯？我如何讓自己不失去理智？主宰你的思維深具挑戰性。

主宰思維的渴望就像現代文明一樣古老。自西元前五世紀以來，不同年代和地區的哲學家們普遍認為：人類的思維是一種解決問題的工具。很多哲學家也主張，思維的質量決定生活的品質。從孔子到蘇格拉底、笛卡爾，再到威廉・詹姆士，他們各自探討了自己的思維方法——一種看待世界的方式。

我們大部分的人都知道「蘇格拉底方法」對一切都抱持質疑，甚至包括質疑你自己。「我知道一件事：那就是我什麼都不知道」，這是當德爾菲神諭宣告蘇格拉底為全世界最有智慧的人時，蘇格拉底所說過的名言。他認為自己一無所知的事實，正是讓他成為智者的原因。這就是一種思考的方式。

十七世紀的法國哲學家勒內・笛卡爾把這點又往前推進了一步。他質疑生活中的一切，甚至質疑自己的存在。因為你怎麼知道自己不是在做夢，或者活在一個虛擬世界裡？因此，他才會說出這句名言：「Cogito ergo sum.」一般翻譯為「我思，故我在。」

笛卡爾得出的結論是，他一定存在，因為他能夠思考。

無論你的思想有多麼瘋狂，可以肯定的是，你確實存在。因此，何不讓你的存在更實際、更輕鬆、更有趣，也更有用？

你是否曾經觀察或者寫下你的想法？我要請你嘗試一天看看。每兩個小時左右，坐下來，把當下正在思考的事寫下來。只不過不要被自己嚇到。我們大部分的想法都不具任何意義。我們是一種矛盾的物種。笛卡爾也曾經檢視過自己的想法，並且發現很多矛盾之處。他最重要的觀點是，我們應該要質疑的是信念的來源，而非信念本身。因為我們大多數的信念，都是基於我們或者他人的看法。

你有多少觀點是基於別人告訴你的話？或者基於你最初的想法或假設？思考的核心在於我們區分真實和謊言的能力。什麼是真的，什麼是假的？

看待這個問題的一種方法是採取務實的角度。威廉・詹姆士把實用主義的觀點形容為：「不看最初的想法、原則、『種類』和假定的必要性；轉而看最後的事、結果、後果和事實。」**思考應該要有實際的意義**。如果沒有，它們就一無用處。那就是清晰的思考。

實用主義是一種思考方式，而不是解決方案。事實上，所有的思考都是一種方法。你的想法是一種工具。但它是一種充滿矛盾、難以使用的工具。亨利·福特說得最好：「思考是最困難的事，也許正因為這樣，所以人們很少思考。」思考不僅困難——還是生活中最重要的事。

記住：我們的思維質量決定了我們的生活品質。而我們的決定則是我們思考的結果。

生活不是線性的

我一直以線性的方式思考：A會導致B。如果B是C，那麼，A也會導致C。我根據表象和最初的想法做出很多假設。然而，這樣的思考並沒有實際的意義。事實上，它們完全沒有意義。我沒有真正去思考，反而遵循了常規，讓別人幫我思考。我們大部分人都像這樣。例如，我曾經以為如果拿到大學學位，我就永遠不用擔心找工作的問題。

我真的這麼相信，直到大約二十六歲為止。我從困難中學到，生活中沒有任何事是理所當然的，你必須努力工作才能賺到錢。而賺錢與學歷無關。如果要我挑出另一個預測事業成功的因素，我會說那是技能。你越擅長某件事，你能提供給別人的價值就越高，人們也越願意付出更多錢，以換取你的價值。

還有，達成目標絕對不是線性的。我們大多數人都相信，從你現在的處境到達理想中的目標是一條直線。假設你的目標是創辦一項事業，這樣，你的生活就能擁有更多的自由。那一直都是我的目標。我認為，我會為此努力，直到我達成這個目標為止。

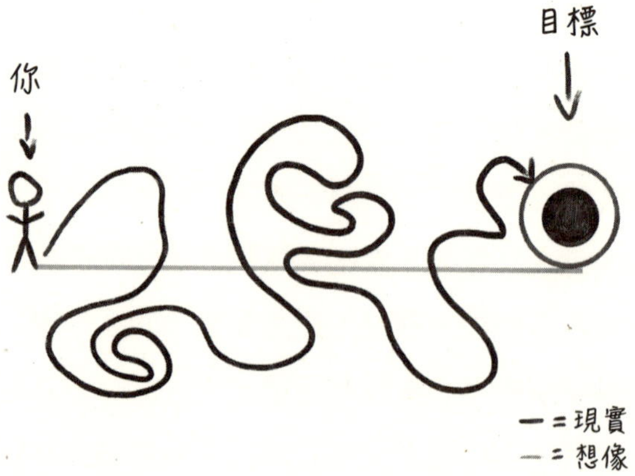

然而，事情並不是那樣發展的。我走了很多彎路。在這期間，我曾經為很多人工作過。我也創業過幾次，但都以失敗告終。了解到「生活不是線性的」有助於我們改變思考的方式。在這個過程中，我曾多次感到沮喪，甚至差點放棄。現在，我明白事情通常都不會按照計畫走。那讓我學會思考備案或其他選擇，以更接近我的目標。我的另一個目標是投資房地產。當我住在倫敦和阿姆斯特丹時，這對我來說很難，因為我沒有足夠的資金啟動這項事業。我並沒有為了賺更多的錢而讓自己承受更大的壓力，並且犧牲我的生活品質，而是轉而開始把目光投向別處。在對不斷成長的房地產市場做了一番研究之後，最後，我回到了家鄉。

這裡的房價較低，我認識很多人，這裡的人口正在成長，市政府在新興產業和教育上做了很多投資。在我決定把目光投向別處後的兩個月，我在這裡完成了我的第一筆交易。關鍵在於，達成目標的方式有很多種。還有，如果大家都在做同一件事，那通常就意味著你不應該這麼做。

把點連接起來

即便當你沒有真正在思考的時候，你的大腦都不斷地在工作。除了維持你身體的各種生命功能之外，大腦也會掃描所有進入大腦的資訊。它會比較新來的資訊和已經儲存在大腦裡的資訊。你的大腦會在那些資訊之間尋求同異。那就是我們如何思考，以及如何使用我們的大腦提出新觀點的方式。大腦包含了許多微小的神經網路，而這些神經網路又連接了其他的網路，就像這樣：

只要對「我的大腦是如何運作的」有了基本的認識，就能幫助我了解如何滋養它。我不擔心我所獲得的資訊是否有立刻使用的必要性。我用自己感到好奇的知識來哺育我的大腦。那些形形色色的資訊也許儲藏在不同的網路裡，但只要我日後把這些點都連接起

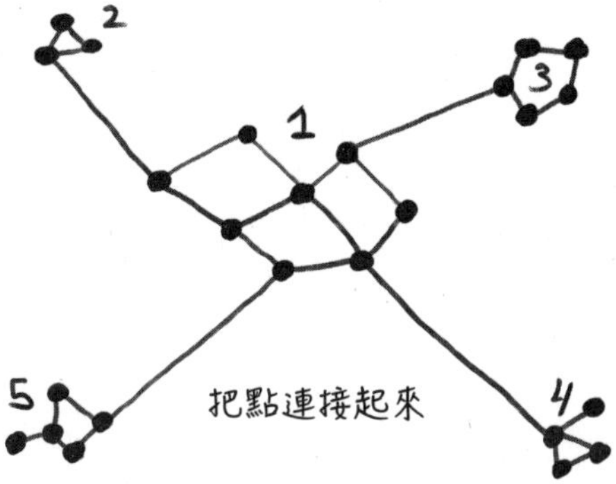

來，它們現在儲存在何處就不是問題。誠如史蒂夫．賈伯斯所言：「你不能預先把那些點連接起來，你只能在事後把它們連接起來。所以，你必須相信，無論如何，那些點未來都會連接在一起。」

如果你希望這些點未來能夠連接起來，你就必須確保先在大腦裡建構這些點。建構這些點唯一的方法就是學習、實踐、犯錯、反思，或者用任何大腦所需的事物來餵養它，好讓它產生你想要的結果。

過濾你的想法

世界上有太多資訊供我們的大腦消化。因此，我們不得不進行過濾。如果不這麼做，我們可能會瘋掉！在這個過濾過程中，我們會發展出一些捷徑，以減輕做決定時的認知負荷。

這些捷徑叫做捷思法。捷思法是一種策略，衍生於過去在類似問題上的經驗。眾所皆知的一種捷思法是「反覆試驗」，這是一種針對問題尋找答案的策略，也是一種思考方式。然而，反覆試驗並非總是最實際的策略。如果我們依賴反覆試驗來建立職業生涯，那麼，我們可能在達成目標之前就死了。

生命太短暫，無法在每件事上都使用「反覆試驗」。另一個不實際的捷思法是「社會認同」。我們經常根據他人的言行來做決定。而我最喜歡的捷思法是「熟悉度」，這是指過去的行為產生了良好的結果，但並不保證未來也會如此。熟悉度也解釋了為什麼我們偏好我們所熟悉的事物和地方，而非新奇的事物。這是我們每天都會經歷的事。我們吃同樣的食物，走同樣的路線，犯同樣的錯誤，並且在工作中完成同樣的任務。一次又一次地。然後，我們抱怨說我們的生活卡住了或變得無聊。

所以，你會根據熟悉度來做出決定也不足為奇。不過，誰說熟悉度一定是好事？對於確定性來說，它確實有益。但如果想要突破，你需要一些不同的東西。

根據捷思法的技巧來做決定，也許可以減輕認知負荷，但這種方法往往不切實際。而且，捷思法經常導致令人不滿意的結果。果真如此的話，不妨將其視為你必須做出某些改變的跡象。與其依賴捷思法來過濾資訊和做決定，不如依賴實用主義的核心理念：有用者為真。

然而，不要過於拘泥於字面上的意思。我和一位喜歡爭辯的朋友分享這個概念之後，他對我說：「吸毒對我有用。」他說得沒錯——你不能按字面意思來理解這個概念。但生活中，有什麼是你可以按照字面意思來理解的？例如，有句老生常談是這麼說的：「耐心等待的人終究會有好事降臨。」我無須解釋，這句話並不是叫你永遠坐在家裡，等待「好事」發生。

你可以把「有用者為真」這個概念視為一個過濾器，用來處理所有進入你大腦的資訊。

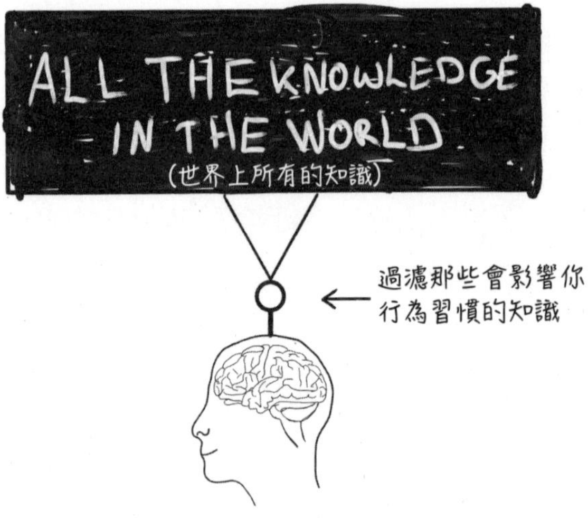

在面臨做決定的時候，我會自問：「一個決定的結果會影響我生活的方式嗎？」如果你經常這樣自問，你會發現自己會自動過濾掉沒用的資訊，並且只會做出對你的生活有實際影響的決定。你強迫自己使用一切有效的——有用的——方法，以及會對你的習慣造成影響的方法。例如，傳統思維認為更大的城市也會帶給你更大的機會。我真的曾經深信不疑。那甚至是我搬到倫敦的主要原因。沒錯，我當時也確實抓住了一個重要的機會。

但我也面臨了更大的責任和問題。此外，我不喜歡大城市。我討厭擁擠的地方、髒空氣和高到不合理的生活費。很顯然地，住在大城市對我來說行不通。那種思考方式對我的生活方式產生了負面的影響。那就是為什麼我最終搬回呂伐登的原因。這裡很安靜，我認識很多人，我可以減少工作量，賺更多錢，而且，我可以在十分鐘之內開車到達這個城市的任何地方。然而，我也意識到，對大多數人而言，我的生活方式並不適用於他們。他們可能會覺得這種生活太無聊或不夠刺激。那又怎麼樣？做適合你的事就好。

停止「思考」

思考很困難。我從來不知道如何停止。要在自己的思緒裡打滾好幾個小時很容易，特別是晚上躺在床上的時候。但我可以很自信地說，過去，我有百分之九十九的想法都是無用的。大部分的時候，我都沒有把這些想法付諸行動。我沒有解決任何問題，也沒有嘗試去瞭解書裡那些艱澀的想法或概念。我花了很多時間在自己的腦子裡這麼做：

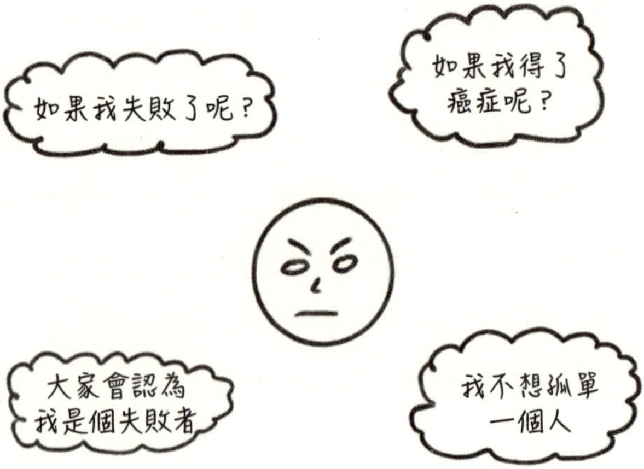
如果我失敗了呢？
如果我得了癌症呢？
大家會認為我是個失敗者
我不想孤單一個人

我把那稱之為思考。但那更像是擔心、焦慮、害怕——隨便你想把它們叫做什麼。我把它叫做「被佔據的心思」。被什麼佔據？

除了上述的那些以外，還被這些佔據了：

- 「我不知道我老闆在想什麼？」
- 「如果我搞砸並且丟掉了工作會發生什麼事？」
- 「我覺得他不在乎我。」
- 「我不停地失敗。」
- 「她愛我嗎？」
- 「我的生活為什麼這麼糟？」
- 「我的生活為什麼這麼棒，而別人的生活卻非如此？」
- 「我不在乎我的工作。我是不是哪裡有問題？」
- 「我什麼也做不成。我怎麼了？」
- 「我想要放棄。」

我只想問你一個問題：以上那些想法有什麼實用之處？你說呢？我在等你回答。還是沒有答案？那就對了。那種想法對我們沒有幫助。但我們都有這樣的想法。那麼，你要如何擺脫它們？我學到的是，你擺脫不了。記得嗎？我們無法掌控我們的意識。我們只能掌控我們要落實哪些想法。

你只需要意識到你的想法。承認它們的存在。但絕對不要責備自己，也不要說：「我為什麼會有這樣的想法？」這個問題沒有人能給出答案。最好是意識到自己的想法，然後決定你要忽略哪些，又要重視哪些。例如，打從我有記憶開始，「放棄我當時正在做的事情」這個想法一直存在。當我念高中時，我想要放棄學業去找份工作。當我打籃球時，我也想要放棄，而後來我也真的放棄了。我可以一個接一個地列舉從過去到現在的例子。無論我多麼熱愛我在做的事，放棄並走開的念頭每個月至少會出現三到四次。過去，這些想法曾經讓我在許多夜晚輾轉難眠。

大約在兩年前，我受夠了。我想要停止思考。因此，我開始單純地意識到我的想法，而不再總是對每個想法做出反應。「你掌控不了我。」我像個怪人一樣地對自己說。不過，這樣做奏效了。這讓我變得更加冷靜和快樂。當我想要放棄時，我仍然會聆聽這樣的想法，因為有時候那是一種跡象。不過，更多的時候，「放棄」的想法只是因為恐懼。而我拒絕向它屈服。你也不應該投降。

你能掌控的 vs. 你無法掌控的

如果你想擁有「有用的想法」，這裡有一條經驗法則：只思考你能掌控的事情。這樣會自動排除掉你百分之九十九的想法，因為生活中，你能掌控的事實在太少了。

只要專注在你所掌控的事情上。例如你的：

- 欲望
- 行動
- 言語
- 意圖

什麼是沒有用的想法？任何你無法掌控且沒有實際目的的想法都是。你曾經想過過去嗎？這就是「缺乏目的的隨意想法」的完美例子，除非你是在對過去所做的一個決定或所犯過的錯誤進行反思。如果是反思的話，你就是在做一件有用的事。但是除此之外，關於過去的每個想法都是沒有意義的。從這個觀點來看，那就是無用的。

你曾經幻想過未來嗎？那也是沒有用的。我發現了兩種主要的「有用的想法」：

1. **思考如何解決難題**。難題只是一個沒有被回答的問題。動動你的大腦，想想如何解決難題。這個世界上有很多的難題需要解決。

2. **理解知識**。那意味著：試著把知識內化，並思考如何運用這些知識來改善你的生活、職業生涯、工作、人際關係等等。

就這樣。你可以忽略其他所有的想法。如果你經常毫無實際目的地思考，那是因為你還沒有訓練你的大腦。你需要跳脫出你的腦子。如果不這麼做，你會瘋掉。每個人都會。沒有例外。

問你自己：「這樣值得嗎？」你真的想浪費時間、精力和生命在無用的思考上嗎？你我都知道答案是什麼。**承諾自己停止無用的思考。開始掌控你的想法**。擔憂過去和未來對你從來都沒有幫助，以後也不會有。

不要相信你的思維

你是否曾經做過一個回想起來似乎不合邏輯的決定？我們是非常不合邏輯的生物。每個人都創造了自己的社會現實。你看待世界的方式是完全主觀的，因為我們都有認知偏誤。

一九七二年，兩名心理學家阿莫斯・泰維斯基和丹尼爾・卡尼曼提出了認知偏誤的概念。認知偏誤是一種系統性的錯誤思考，它會影響判斷，進而影響我們的決定。我最喜愛的認知偏誤是「注意力偏誤」。它是「你的生活就是你思考的結果」的科學證據。注意力偏誤主張我們的看法受到我們的想法所影響。理所當然地，我們的看法影響了我們的行動和決定，而行動和決定則造就了我們的生活。如果你有負面的思想，你對生活也會有負面的看法。這就是注意力偏誤。

我們的思想也許並不邏輯，但同時它也很單純。以最知名的認知偏誤——確認偏誤——為例。它解釋了我們「確認自己既有觀念」的行為。如果你相信某一件事，你就會努力去蒐集資訊、線索和跡象來佐證這件事。

換句話說，你會盡一切努力來證明自己沒有錯。你關注的並非事實，而是信念。所有的認知偏誤都是如此。截至目前為止，已經有一百零六個與做決定有關的認知偏誤為大眾所知！其中絕大部分我都已經閱讀過了。

我閱讀過好幾本關於認知偏誤的書，也對認知偏誤做了一番研究。我的結論是，你不能相信你的思維。也許，我的結論也是一種認知偏誤。誰知道呢？

簡而言之：避免根據信念、明確的邏輯，甚至科學來做決定。

科學家也是人。那意味著他們有自己的認知偏誤。眾所周知，他們會為自己既定的觀念尋找證據。想要做出更好的決定，解決方法並不是更多的知識。

我發現，實用和中立的觀點能夠導致更明智的決定。很不幸地，所謂「最好的決定」並不存在。如果存在的話，我們就等於活在了一個完美的世界，而這個世界裡充滿了做出合乎邏輯和實際決定的人們。我喜歡這麼想：只有在資訊充分的情況下做出的決定和資訊不足的情況下做出的決定。因為讀了幾本書或幾篇研究，我們就認為自己什麼都懂了，這樣的想法很有吸引力。

唯一的問題是：無論你擁有多少知識，你仍然不能相信自己的判斷。意識到這一點有助於你做出更明智的決定。每當我陷入某種思維模式時，我會試著藉由檢視認知偏誤清單來脫離這種模式。這不僅免費又很簡單。只要到維基百科查詢「認知偏誤清單」即可。你會發現大部分的偏誤似乎都是一些既有的常識。這就是重點。認知偏誤說明了我們為何會做出不合邏輯的行為。

關注事實

我討厭假設。然而，我總是會做出假設。當有人沒有回覆我的郵件時，我會假設他不在乎。當有人道歉時，我會假設那個道歉並不真誠。當我頭痛時，我會假設我生病了。我知道自己並不實際，因為假設並非事實。

如果你想要清晰地思考，你就要丟掉所有的假設，並且只關注事實。威廉·詹姆士在他有關實用主義的一場演講中說得很好：「實用主義者緊握著事實和具體性，在特定的事件中觀察真相是如何呈現的，並做出總結。」

為了簡單起見，我們來看看兩種做決定的方式。一種基於事實，另一種則基於假設。

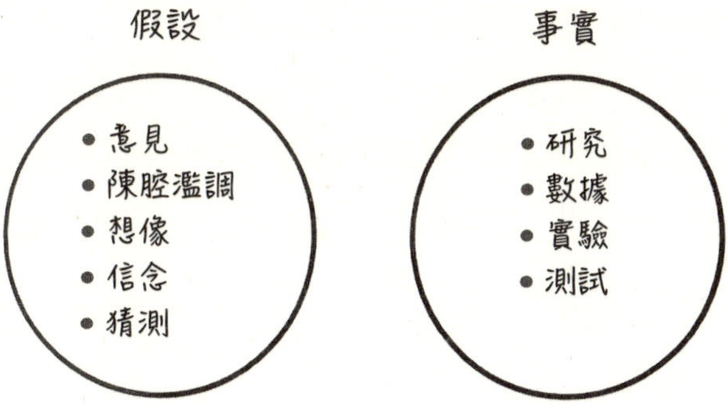

- 你的產品有解決問題嗎？還是你假設它解決了問題？
- 你有能力為創業募集資金嗎？還是你假設你有這個能力？
- 你會加薪嗎？還是你假設老闆會幫你加薪？
- 這筆交易已經確定了嗎？還是你假設你的客戶會簽約？
- 人們喜歡你的藝術作品嗎？還是你假設他們會喜歡？

我喜歡盡可能避免假設。我偏好關注事實，然後再做出結論。如果你不能依賴事實呢？有時候，你就是找不到事實，或者必須迅速做出決定。

在這種情況下（雖然很少發生），我偏好直覺。不管你怎麼做，絕對不要浪費時間在他人缺乏充分資訊的看法和猜測上。

真 vs. 假

在上一章裡，我們談到關注事實。然而，事實也是真相嗎？答案是否定的。這聽起來很令人困惑，對嗎？這就像生活一樣。例如，上帝存在嗎？我不知道。我從來沒有見過任何證據。那麼，這是否就意味著上帝並不存在？我怎麼想並不重要。如果上帝對你生活的方式具有影響力的話，不管科學家怎麼說，上帝對你而言都是存在的。對西方哲學影響深遠的德國哲學家費里德里希·尼采有句名言：「沒有事實，只有闡釋。」尼采是一個真正具有自知之明的人。西格蒙德·佛洛伊德甚至曾經說：「他對自己的認知程度勝過世界上任何曾經活過或者目前還活著的人。」

他是一位善於分析的思想家，特別是在面對自己的想法時。當尼采說「沒有事實」時，他的意思是，身為人類，我們最終只能依賴我們對現實的闡釋。要客觀地確認現實是不可能的。但這並不意味著沒有什麼是真的，也不代表我們全都活在一個大夢境裡。我們只需要了解到，事實和真相並不是同一回事。這個簡單的觀點能讓你省下很多精力，因為它意味著沒有所謂的對與錯。

　　無須費心去說服那些對「真相」有不同看法的人。這樣做並不實際。把你的精力用在其他更有用的事情上。

慢慢思考

我曾經認為，聰明的人思考得比較快。「他的思維敏捷。他真的很聰明。」我試了很多年。每當我面對一個問題、討論，或者每當有人問我一個問題時，我會想：「快點、快點、快點！」理所當然地，我的第一個答案都很糟糕。

我最喜歡的一位思想家德瑞克・席佛斯說，他是一個慢慢思考的人：「一般認為，你的第一反應是最誠實的，但我不同意。你的第一反應通常都是過時的。那要麼是你很久以前得到的答案，只是現在懶得思考，所以就用了老舊的答案，要麼是觸發了膝蓋式的情緒性反應，因為你以前曾經遇到過類似的情境。」深思熟慮需要時間。每當我迅速給出答案時，我其實並沒有思考，只是衝動行事。德瑞克・席佛斯曾經訓練自己不要相信最初的想法。當他的電子郵件耗費他太多時間和精力時，他也是這麼做的。身為公眾人物，德瑞克收到許多讀者的來信，大部分的信裡面都提出了「只需要五分鐘就能回答的問題」。然而，正如他所說的，如果每天要回答一百個問題，加起來就是八個小時。他在二〇〇八年到二〇一六年之間回答了十九萬兩千封郵件，德瑞克知道，他需要對此做點什麼。

因此，他計畫從大眾面前消失，變成一個現代的亨利・大衛・梭羅：「我要做得徹底一點，關閉所有電子郵件和社群媒體，讓所有人都聯繫不到我，除了少數幾位親近的朋友和同事之外。這似乎是唯一的解決之道。」

那是他最初的想法。「不過，我發現我還是可以和人保持聯繫，只要不回答問題就好。」德瑞克在他的部落格上這樣寫道（http://sivers.org/slow）。我很高興他沒有照著他最初的想法去做。他的第二個想法好多了。過去，我自己也曾經寫郵件給德瑞克，我想，他所做的一切確實對人們的生活具有重大的影響。

我想要說的是，當有人問你問題時，你可以說「我不知道」，沒有關係。你也可以對自己這麼說。我常常因為無法對自己個人的問題給出即時的答案而苛求自己。說「不知道」不會讓你變笨，而是讓你更有人性。

甚至我們為什麼要害怕別人認為我們很笨？這正是慢慢思考的完美例子。不跟著「我會證明給他們看！」這樣的直覺走，你可以退後一步自問：「我為什麼想讓人覺得我很聰明？」認真想想，別人怎麼看你並不重要。我覺得花點時間慢慢思考總是比較好。如果別人認為那會讓你變笨，那麼，他們才是笨蛋。

不再迅速做出決定

- 「我們要不要安排去泰國出差？」
- 「你有興趣參加X公司的一場演講嗎？」
- 「我們應該重新裝潢廚房嗎？」
- 「你認為我們應該開除約翰·朵伊嗎？」
- 「要不要雇用另一名銷售主管？」

這是別人最近問我的幾個問題。你知道嗎？雖然我喜歡花點時間謹慎思考我面臨的挑戰，但我也會花時間仔細思考自己在倉促之下所做過的決定。每次我答應去發表演講、接受訪問，或者開研討會，我都沒有花太多時間就給出答案。當事情還要很久才會發生時，我們可能會很容易就答應。「那趟旅行是在九月。現在才三月。還有很長一段時間！」所以，你可能會在不經思考的情況下，承諾要做一趟為期五天的出差或者家庭度假。然而，當九月來臨時，你若非正在忙於工作，要不就是有其他（更重要的）的事要做，或者正在處理其他事情。突然之間，那個「很久以前」做出的快速決定開始在你的腦海裡盤旋不去。「我應該取消那趟旅行嗎？我應該去嗎？我應該只去兩天嗎？」

我們為什麼要把事情弄得這麼複雜？其實，只要多花一天的時間來思考，我們就能輕鬆地解決這些事。這就是你所需要的。

只需要仔細思考一下。了解自己。例如，我目前的寫作狀況很好。我覺得不需要離開我所在的城市。我每天都有固定的日常，對我來說，一切都運作得非常順利。我感到很快樂，我也非常享受我的生活。即便我只離開一個週末，我的整個日常也可能被打亂。然後，我就需要額外的兩個星期才能回到「原來」的自己。

然而，我並非總是處於這種心態。現在，我正在寫這本書、開設一間新辦公室、購買一間新公寓。我同時專注在幾件重要的事情上。不過，在其他時候，我則更有彈性，而且真的喜歡旅行、探望朋友和工作夥伴，並且過著更輕鬆的生活方式。

那就是我現在會花更多時間來做決定的原因。我不再跟隨最初的想法，而是說：「請給我一天或兩天的時間來思考。」這就是你所需要的。

釋放你的大腦

一旦我改變了對生活的看法，我就開始每天都讓我的大腦全力運轉。我開始每天閱讀兩個小時，並詳細記錄自己所學到的知識。我也開始寫文章，分享我所學到的想法。起初，我覺得彷彿有一個全新的世界對我開啟了大門。我無法滿足於學習。每週我都會購買新書，貪婪地吸收我能接觸到的每一個新知識。

但是，幾週之後，我的精神崩潰了。突然之間，我的大腦凍結了。我覺得被堵住了。我無法思考、閱讀或寫作。我的頭一整天都在痛。這樣的情況持續了幾天，幾乎有一個星期。我覺得自己生病了，但不知道為什麼。我甚至無法思考「為什麼」。當我稍微好一些時，我從上次停下來的地方繼續開始。這回，我比之前撐了更久，在遇到瓶頸之前，我過了兩個月這樣的生活。不過，這次的情況又不一樣了。無論我怎麼努力，都覺得自己沒有進步，也沒學到新的知識。但我沒有放棄，繼續在困難中努力。在歷經幾次同樣的情況之後，我終於明白發生了什麼事。

訓練大腦是分階段進行的——在你能夠進入下一個學習發展階段之前，你必須穿越一堵牆。我相信學習技巧和自我發展都具有階段性。

在一個新階段之始，學習是很容易的，因為一切都很新穎。但是，越接近一個階段的尾聲，事情會變得越來越困難。以我為例，我開始感到頭痛。然而，我尚未接近尾聲，因為在短暫地經歷挫折之後，我又繼續努力了。

到了某個階段，你會撞到一堵大牆。那就是精神崩潰。就在這個時候，你會想要放棄任何你正在努力達成的事：寫書、創業、改變職涯或領導一群人。當你遇到撞牆期時，一切都會停下來。這本書似乎突然變得毫無價值，你的事業似乎會失敗，你追求的職涯似乎遙不可及，而人們也開始不把你當一回事。一切都失敗了。

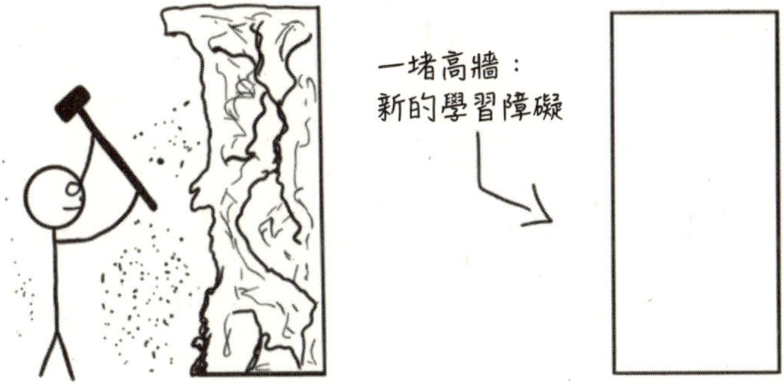

我已經學會訓練我的大腦把這種情況視為一種正面的時刻。當我撞牆時，我知道自己已經接近自我發展的下一個階段了。我並沒有放棄，反而感到高興。我只需要休息一下，恢復活力，讓我的大腦恢復原狀。我會和朋友聚會，和我哥哥在辦公室打桌球，聽Jay-Z、Bob Dylan、Kendrick Lamar或Bon Iver的音樂，他們都是我喜歡的藝術家，或者看電影（看很多部）。我只是花點時間放鬆，讓我的大腦在我不思考或不專注於任何事情時變得更強壯。然後，再回到我停下來的地方。我用我的能量突破那道牆。而這個方法向來都能奏效。

把你的想法畫下來

在我們發明語言之前，我們使用圖像來溝通和思考。然而，幾個世紀以來，文字已經成為我們溝通的主要方式。那也是我們之所以用文字思考的原因。當我思考時，我就是在對自己說話。當我做筆記時，我也是在對自己說話。

「寫一個關於把你的想法畫下來的章節。」當我想到這個主意時，我把它寫在了我的筆記本裡。我覺得這個想法非常吸引人。歷史上最著名的思想家之一，李奧納多・達文西就是以圖像來思考的。我是怎麼知道的？我看過他的筆記本，你也可以很容易地在Google上找到它們。以下就是一個例子：

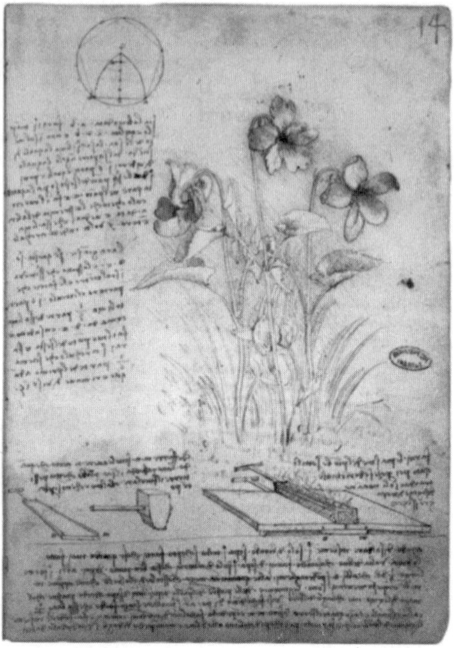

我們不需要畫得那麼好，但我認為我們仍然可以學到一些東西。繪畫能將你的思考從持續的語言表達中釋放出來。一年前，我開始在我部落格文章中畫圖。我的繪畫技巧至今沒有進步，但我的文章進步了。其中一個原因是，我花了時間在思考要如何用視覺方式分享我的想法。我希望讀者透過我的圖畫，立刻就能「理解」我試著要在文章中分享的內容。

那就是為什麼我經常思考如何將想法視覺化的原因。有時候，我會畫下一整幅圖，有時候則強調一句話或一個字，有時甚至還畫一些簡單的漫畫。在我畫完圖之後，我經常會重新編輯我的文章，讓想法變得更清晰。有些文章甚至是從一幅圖像開始的。本書的靈感也是來自一個圖像。那是我在「從混亂到清晰」這一章中用到的圖像。就是這個：

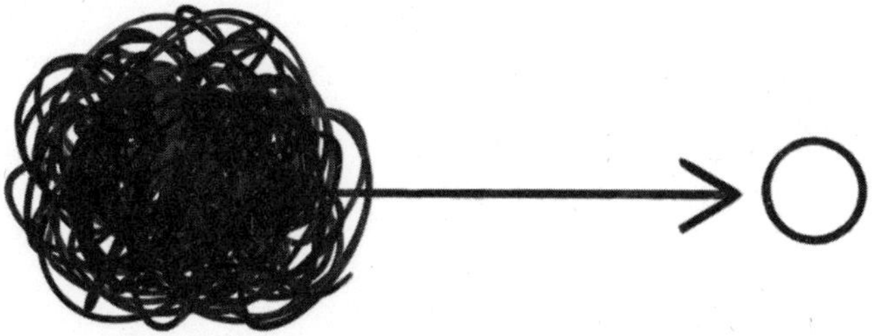

我並不是為了某個特定目的才畫下這幅圖，而只是想把我的一些想法視覺化。其中一個想法是，我的大腦曾經一團混亂，直到我找到了解決的方法。結果，我的思路變得清晰起來。那就是這幅圖像所傳達的意思。而現在，這些想法凝聚成了一本書。

做自己（而不是你應該成為的樣子）

「征服你自己，而非征服世界。」

——勒內・笛卡爾

我想問你幾個問題：

- 你擅長什麼？
- 你不擅長什麼？
- 你是怎麼學習新事物的？
- 你對什麼具有熱忱？
- 你不喜歡什麼？

換句話說：你是誰？你的DNA是什麼？當然啦，從生物學上來看，我們多少都是一樣的。我們都有器官、骨骼、血液、神經。我們也都會死亡。

自我認知為什麼重要？我從來都不知道。在我念書的時候，沒有人曾經談及有關認識自己和認識自己為什麼重要。但事實證明，缺乏自我認知是我在生活中做出錯誤決定的原因。

- 我曾經做過的工作。
- 我曾經交往過的女孩。
- 我曾經追求過的東西。
- 我曾經做過的決定。
- 我曾經共度時光的那些人。

這些和我的長處、價值觀、技能和渴望不相符。我的前女友想要環遊世界，住在不同的國家。我討厭這個想法。我想要待在靠近家人和摯友的地方。如果不住在其他國家，我也不會覺得錯過了什麼。擁有一個家是讓我感到快樂的原因。當你和一個價值觀與你不同的人交往時，那是一場零和遊戲。總有一方會失去些什麼。結果，我們分手了。

我曾經在鍋爐室工作，曾經向人們銷售他們不需要的蠢商品。我為什麼要做讓自己感到不舒服的工作？我不知道。我最合理的猜測是為了錢。我以為大家都是這麼做的。但我不了解自己。

現在，我比十年前更了解自己。而在未來十年內，我又將比現在的我更了解自己。自我認知是第一步。第二步則是根據這樣的認知來行動。

有時候，機會會找上我，而我覺得自己總是答應得太快。但我必須退一步思考，並且自問：這真的適合我嗎？答案經常是否定的。我發現，生活中大多數的東西都不適合我。大部分的工作、機會、國家、人們、派對、生活方式、書籍——它們都不適合我。重點在於找到適合我的事物。不管你相不相信，那樣的事物少之又少。

花時間去反思

我們過著忙碌的生活。有時候根本沒有時間思考。當思考不在你的優先考量之列時，你應該要把它列為優先事項。如果不這麼做，你會像幾年前的我一樣。在二〇一二年到二〇一五年期間，我並沒有反思過任何事。結果呢？突然之間，我感到不知所措，我不知道要如何處理我的生活。

我曾經面臨過真正的內在危機。由於不知道該怎麼辦，我開始閱讀更多書籍。然後，我發現很多既聰明又快樂的人都會寫日記。他們也更常反思自己的生活。更具體地說，他們反思他們學到的東西、犯過的錯誤，以及達成的目標。

當我開始每天寫日記時，我是從寫自傳開始的。那不是為了出版，而是為了反思和學習。如果你不知道該寫什麼——那就寫你自己的生活故事。我相信你所寫下的每個句子，都會讓你更認識自己。

我寫日記，並且確保每週都會讀一次自己的筆記。這就是我所說的反思。我這麼做的原因有三：

1. 那有助於我發現自己的錯誤，這樣，我就可以避免未來重蹈覆轍。
2. 那有助於我在回顧過去的成就時，珍視自己的進步。
3. 整理我的想法，這樣，我就可以在事後自我檢討。那有助於我做出更好的決定。

簡而言之，我寫日記並反思，因為那是有所助益的。

我的金錢法則

我的一個朋友告訴我，他討厭他的工作。我問他為什麼沒有採取任何行動。「我需要錢。」他說。我立刻明白，他認為自己唯一的選擇就是辭職。原因是，當我們過分重視某樣東西時，我們就會過度依賴它。有一個簡單的方法可以減低金錢的影響。我有五個法則（請見下頁）。

那就是我過去三年所做的事。我完全沒有去想金錢的事。事實上，這並不完全正確。我仍然會想起金錢的事。每個人都會。但只要一想到，「我的存款裡有足夠的錢。」我就不會再去想錢的問題。無論發生什麼事，只要你有足夠的錢可以支撐六個月，你就能找到解決方法。

前提是：投資你的技能。「我們總是能找到工作或賺到錢」，這種想法太天真了。天下沒有不勞而獲的事。不過，從什麼時候起，這也開始令人感到驚訝了？

(實用的) **金錢法則**

- 不要買你不需要的東西
- 每個月至少存下收入的10%
- 避免欠債
- 把錢投資在有回報的事物上
- 不要小氣
(那不過就是錢而已)

我只是確保我將錢用來投資，而不是花掉。投資並不僅限於股票市場或房地產。我願意花三千元買一台新筆電，因為那是我工作的工具，並且能幫我賺錢。此外，對於購買重要物品，我從來不會吝嗇。我寧可買一件能夠穿上好幾年的好外套，也不願買一件隔年就不能再穿的廉價品。

簡單來說，我不買自己不需要的東西。我不需要每年都換一支新iPhone，也不需要一雙五千元的鞋子。但那並不表示我只有一雙鞋。我只是不會把所有喜歡的東西都買下來。買太多東西並不實際，因為我沒有足夠的空間。還有，我喜歡訓練自己抵抗物質誘惑，來增強自律。

記住：金錢是一種可替代的資源。當你把錢用盡時，你可以再賺回來。但時間卻無法如此。不要花太多時間去想金錢的事。

不要企圖用思考來解決一切

第一眼看到這句話時，你會覺得這並不合理，但當你想得太多時，往往會想不出好的點子。那是因為你無法藉由積極思考來解決所有的問題。我們都曾經在洗澡時想到好點子，那是因為我們當下並沒有在積極思考。

讓自己的注意力遊蕩並停止思考是件好事。這也是掌控大腦的一部分。你有能力決定何時釋放自己的思緒。這就像經過辛苦的一天之後，躺在沙發上放鬆肌肉一樣，你可以鬆開你的思緒。

有很多方式可以做到。有些人喜歡上瑜伽課。有些人則偏好每天冥想。使用什麼方式並不重要。我了解到放鬆的方法很多。不過，關鍵只有一點：你不需要任何東西來讓自己放鬆，你只需要你自己。

你不需要瑜伽、運動、冥想、音樂、氣味或任何你認為你需要的東西。放開一切。你可以脫離你的外在世界，走進內心去找到平靜。如果你現在做不到，那就自我訓練。讓你意識到自己的思緒，觀察它們，然後放開它們。那就是整個過程。你隨時隨地都可以這麼做。

你不需要一個不同的場景或教室來做這些事。放下一切，然後放鬆。只要你覺得有需要，隨時可以這麼做。你會發現，不思考的時刻其實和積極思考的時刻一樣重要。

跳脫常規

我逐漸開始厭惡傳統思維了。這並不是因為我想與眾不同，而是因為傳統思維只能帶來傳統的結果。我不喜歡這樣。如果你喜歡傳統的結果，你就不會讀這本書了。

讓我們先來檢視一下「做決定」這件事。做決定最傳統的方法就是列出一張利弊清單。班傑明・富蘭克林是首位記載這種方法的人。一七七二年，他在寫給朋友約瑟夫・普里斯特利的一封信中提到了這種方法。直至今天，我們依然經常製作這種清單。哪些事情的利弊……

- 「辭職？」
- 「跟男友分手？」

- 「接受這份工作？」
- 「買一輛新車？」
- 「開始創業？」

然後，我們拿出一張紙，在中間畫一條線，開始在左邊列出優點，在右邊列出缺點（或者左右相反）。雖然我喜歡這個方法的簡單性，但在我第一次戀愛遇到困境時，我的一個朋友建議我製作這樣的清單，從那之後，我就不再使用這個方法了。

當時，我真的列了一張和女友分手的優缺點清單！現在回想起來，我覺得很慚愧。而且，那麼做根本毫無意義，因為總會有某些理由的分量遠超過其他理由。幾乎所有關於人際關係的優缺點清單都大同小異。

- **繼續交往的優點**：你可以和某個人分享一切、擁有性生活、一起度假等等。
- **繼續交往的缺點**：自由時間變少、容易吵架、得去對方親友家等等。

這永遠都是一樣的。而且沒有用。這就像辭去你討厭的工作一樣。優點是，你不用被一份討厭的工作束縛。缺點是會有很多不確定性。

是時候跳脫這種傳統思維了。不要再用二元思考模式，而是開始擴大思考的方式。**生活不是非黑即白。你可以同時擁有二者。**過去，我總認為我必須在放棄事業和找工作之間做出選擇。此外，我有很多朋友都認為要創業得先辭職。誰說的？

幾年前，當我的事業還未見成長時，我曾經在一家大型的IT研究公司任職。我兼顧了兩者。我在晚上和週末（有時候也在白天）經營自己的事業，其餘時間，我就幫這家公司工作。你可以在創業的同時繼續上班。當我談及跳脫框架思考時，我就是這個意思。

我們總是被狹隘和傳統思維所限制。我們總是想要待在框架裡。那是因為我們從來沒有後退一步去看更大的格局。看看下面這個圖像。

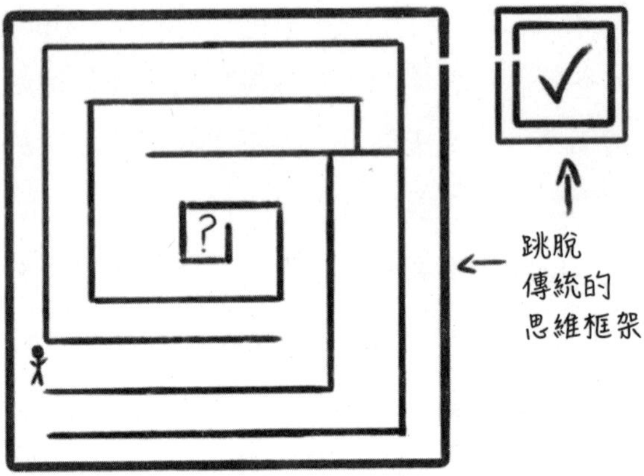

如果你站在這個迷宮裡面，你也許會開始朝著中間走，對嗎？那就是當你在一個迷宮裡面時應該採取的行動。然而，這個迷宮不一樣。獎品不在中間，而在迷宮外面。但除非是從上空往下看，你才能看到這個目標。從迷宮裡是無法看到的。然而，那就是我們大多數人生活的方式。我們用傳統的方式做事，因為「事情向來都是這樣做的」。

當你不再按照「傳統方式」做事時，你就會開始用「自己」的方式做事。

不要問為什麼

我很不擅長發送電子郵件，尤其是在選擇收信人的時候。我總是鍵入名字的第一個字母，然後按下確認鍵。我信任電腦，從來不檢查我所選擇的那個地址是否真的是我要發送郵件的對象。我很懶。這通常沒什麼大不了，只是會讓我收到別人發來的有趣回覆。

然而，有一次，這個簡單的錯誤讓我在生意上損失了十五萬美元。當時，我正在和兩家公司合作一項為期多年的顧問計畫。這兩家公司的聯繫人名字都一樣，我們就暫時稱他們為威廉。其中一個威廉是我既有的客戶，姑且稱他為威廉A，另一個則是潛在的客戶，威廉B。兩人都希望我為他們的公司提供同類型的顧問服務。但我給了威廉A較優惠的價格，因為他是忠誠的客戶。然而，我卻把應該發給威廉A的合約，錯發給了威廉B。

這不是一個單純的錯誤。威廉B之前看過我的提案，那個提案裡的總價比較高。但當他看到威廉A的價格比較低時，他感到很沮喪。「為什麼他拿到的價格比較低？這就是你做生意的方式嗎？」結果，他決定不和我們合作。這件事讓我學到三點：

1. 永遠都要再三檢查。
2. 小事可能變成大事。
3. 不要偏袒。

我不需要問自己為什麼犯錯，因為那毫無意義。也不需要問自己在使用電子郵件時為什麼這麼懶。我就是這麼懶。但我錯了。我不能把自己的錯誤合理化。絕對不要忽視重要的細節，然後說：「那無關緊要。」也許，你每天都打瞌睡，或者漠視你的書、報告或電影的細節，這些都無關緊要。

重點是，不力求完美會變成一種習慣。不要擔心自己會變成完美主義者——完美主義者並不存在。通常情況下，人們剛好恰恰相反。完美主義只是一個藉口。實際上，我們害怕的是別人會怎麼看待我們所做的事。

無論如何，當你面對阻礙、挑戰或錯誤時，問「為什麼」是沒有意義的。不如思考你能做些什麼來克服或者避免這些困境。

更加注重細節

我忽視了一個小細節，結果讓我付出了很大的代價。不過，我所學到的教訓比我能從生意上獲得的利潤更有價值。一般來說，細節也許是生意、工作、運動、藝術和生活上最重要的東西。「魔鬼藏在細節裡。」這是我最喜歡的一句老生常談。但我過去從來沒有把這句話聽進去。主要原因是我沒有耐性。我總是急於完成一切：發送電子郵件、打電話、寫報告、做作業、寫論文，任何你能想到的事。以前，我覺得把事情完成很重要。但我錯了。因為事情從表面看似乎都很容易，直到你開始實際去做。

這本書花了我十五個月才完成。我花了數不清的時間研究這個主題，也投入大量時間來書寫、編輯、刪減、重寫、再編輯。然後，又重複了一遍這樣的過程。我也三度更改過書名，而副標的修改次數甚至更多。

我最初的書名是「實用性」的藝術。一開始，我很喜歡這個名字，因為它聽起來很熟悉。但當我開始寫一本關於思考的書時，我也把這些思考方法運用在我自己的書上。於是我想：「所謂的『藝術』到底是什麼意思？」我找不到一個好答案。我把這視為需要更改書名的一個跡象。你知道有趣的是什麼嗎？

我的第二個書名是實用性思考的力量。我像個天才一樣，想出了另一個很通用的書名（這個甚至比前一個更長）！你知道有多少書名叫做「什麼什麼的力量」嗎？我隨手在Goodreads上搜尋了一下書名，結果發現有八萬三千八百九十五本書都以「什麼什麼的力量」為書名或副標，這是一個龐大的數字。我從寫書中學得的一件事就是，你必須想辦法讓自己脫穎而出。沒有人在乎關於思考是否有一本更好的書。你會拿起這本書，很可能是因為你期待它與眾不同。但如果我採用之前想到的書名，我知道沒有人會認為這本書有什麼特別之處。

在我出版《關鍵思考力》前的兩週，我開始在我的網站和社群媒體上宣傳。我的讀者很快就變得興奮起來。不久後，像這樣的電子郵件開始紛至沓來：

- 「迫不及待想要閱讀這本書！做得好。」
- 「我很期待讀到你的新書！！」
- 「你真是個意志堅定的人！期待《關鍵思考力》的問世。」

我很喜歡我的讀者。所以，我才會花那麼多時間選擇合適的書名。當時，還沒有人讀過這本書。但光是看到書名，讀者已經開始感到興奮了。這就是我的目標。我要對每一位在這本書上市前發送電子郵件給我的人說：希望我沒有辜負你們的期待；)

關注細節不過是履行你的職責。如果你是一名作家，你的職責就是盡可能寫出一本最好的書。如果你是一位設計師，你的職責就是盡可能創作出最好的設計。你不是為了只寫一本書，然後從此封筆，或者只是設計一件產品，然後就退休。如果你想要成長——

不論是財務、心靈，還是精神上——你就必須不斷地重新檢視細節。

如果你想把工作做好，就絕對不要低估或輕忽細節。如果你不在乎有沒有把工作做好，還不如一開始就不要做。

不要過度思考

我不想變成一個只想不做的人。事實上，我思考的唯一理由是我想在生活中做更多的事。我希望生活更充實，因為那讓我感到滿足。那就是我不喜歡每天都思考的原因。聽起來很矛盾，是嗎？「你說你應該更好地思考，但現在你卻說你在減少思考。」

那正是我所說的。提升你思考的品質，這樣才能提升行動的品質。而且，兩者之間應該保持在不平衡的狀態。

行動＞思考

確保自己採取更多行動最好的方法就是仰賴習慣。以運動為例。我這輩子都在努力維持健康的體態。有好幾年的時間，我的體重都超標。在運動和節食這兩件事上，我一直都在和自己做心理拉鋸。

- 「我應該去跑步還是去健身房？」
- 「我要先吃這袋薯片，明天再去健身房。」
- 「我應該在哪幾天運動？週一、週三和週五？還是週二和週四？」

這麼想一點用處都沒有。於是，我訂了幾個基本規則：

- 一天至少運動三十分鐘（每天）
- 不要把自己弄得精疲力盡（不要過度勉強自己）
- 吃得健康（不吃垃圾食物）
- 攝食的熱量不要超過消耗的熱量
- 清楚記錄你吃了什麼以及做了多少運動

一旦你把幾個規則結合在一起，你就擁有了一套系統。而這套系統能讓你免於過度思考。你只需要在系統無法帶給你預期的結果時再進行思考。如果我的系統會讓我感到難過或變胖，我就會重新考量這套系統。而且，即使這個系統有效，它也永遠不會是完美的。所以，我才會經常思考我可以改變什麼，或者如何改善我的系統。

不要留下遺憾

在我成長的過程中，我祖母總是在我身邊。她是一個很體貼的人。也許過於體貼，因為她一生中做了很多犧牲。為了她的父母、兄弟姊妹、丈夫，後來則是為了她的兒女。那也是生活的一部分。你無法和家人一起生活、建立一個穩固的家庭而不付出。但她最大的犧牲是在生命最後一段期間選擇住在荷蘭，而不是她的故鄉伊朗。在我的記憶中，她總是聊到過去。總是。尤其是在她生命的最後幾年，她幾乎每天都因為遺憾而哭泣。

所幸，我母親、父親、哥哥和我經常去探望她，讓她振作起來。但透過笑聲，我可以看到她的遺憾。那永遠都在。我從我祖母身上學到很多。大多是關於體貼和擁有強烈家庭價值觀的重要性。**不過，我學到**

的最重要的事情是，不要為你在生活中做過的事感到遺憾，而是為你沒有做的事感到遺憾。當我祖母在二〇一五年去世時，我決定無論如何這輩子都要遵循這個信念。例如，我總是認為我想環遊世界，並且住在不同的城市。我知道，這個目標很常見。我和很多熱愛自由與探索的人聊過。人們為什麼會這樣呢？我想，很大一部分原因是受到流行文化的影響。很多人崇拜像傑克·凱魯亞克和厄內斯特·海明威這樣以旅行而聞名的人。

現在的年輕人受到那些在世界各地旅行，並在個人IG上分享經驗的社群媒體名人所啟發。媒體的形式也許改變了，但想要四處旅行並與人分享經驗的渴望並未改變。然而，並不是所有人都適合這種生活方式。

不過，在我真正開始旅行之前，我並不知道這點。我怎麼可能會知道呢？生活中有些事情是你必須親自體驗過，才會明白它們在現實中的樣子。沒有人能真正感受到成為創業者是什麼感覺，除非他們親自去創業。你可以閱讀所有你想閱讀的商業書籍，看許多關於創業的影片，但它們不會讓你成為創業者。永遠不會。最終，你只會活在別人的人生裡。

為了可以做我熱愛的事情，我寧可只吃白飯和豆子，也不願做一份讓我痛苦，但薪水很高的工作。到頭來，這是你的生活，而你能讓自己過得心安理得的唯一方法，就是遵循自己最強烈的渴望。只要確保你有清晰地思考，並且依據那些想法採取行動就好。

永不回顧

生活中，我很少回顧過去。我從來不空想過去的事。我不會整天看著老照片，我甚至沒有考慮要拍照，因為我非常投入於現在。有時候，我覺得大部分人都活在過去裡。他們以過去式在生活。他們並沒有享受當下，而是拿起手機，捕捉當下的一刻。我偏好活在當下，而不是透過鏡頭生活。現在，我必須老實說，我並沒有百分之百都活在當下。

不過，我努力活在當下。我知道我成功了，因為我從來沒有想要重新活過的欲望。我忙著享受現在。那並不表示我從來沒有停下來拍張家庭合照。我只是不會隨便拍一堆我永遠也不會再看一眼的照片。想想看，你什麼時候有空去看你所有的回憶？你有多少照片和視頻？你保存了多少足以提醒你過去的舊文件、文憑、紀念品和其他實物？

如果你很難放下過去，那麼，讓我來助你一臂之力。你永遠不會——

- 使用你放在抽屜裡好幾年的第一支iPhone
- 剪輯你和朋友過去週末旅行時拍攝的那段影片
- 回顧你學生時代的作業、論文和成績單
- 把你貯藏起來的那些舊衣服拿出來穿
- 使用那些會讓你想起第一次約會的東西

當我們保留了很多過去的東西時，它們會成為「活在當下」的障礙。關於「回顧過去」，我所能想到的唯一有意義的目的，就是學習。那就是我喜歡寫日記的原因。我經常回過頭來讀我的日記，了解當時的思考過程。尤其是當事情沒有按照我的預期發展時，我就會回頭看，試著理解原因。例如，在二〇一七年，經過兩年定期撰寫部落格，並且建立了一個擁有超過兩萬兩千名會員的電子報之後，我決定開始設立一個付費的會員網站。在我開始這個網站之前，我做了一番深思熟慮。「如果有一千名讀者每月支付五美元來支持我，我就可以靠著寫作、教學和幫助他人為生。付費會員可以獲得我的獨家內容。這是一個很有價值的提案。」這是我的思考過程。我選擇一千這個數字，是因為凱文．凱利的經典文章〈一千名真正的粉絲〉。我還研究了其他部落客如何開設他們的會員網站。

從理論上來看，一切都很不錯。在那之前，我已經賣出了數百堂線上課程，所以，我知道人們重視我所做的事。然而，事情的發展並不如我的預期。一個月之後，只有七十八個人報名。六週之後，我停掉了會員制網站。我的很多朋友、同事，甚至付費會員都告訴我，我太快喊停了。也許是吧。然而，我不是那種面對困難就放棄的人。在我為了獲得雙學位而努力的那五、六年裡，我曾經數度想要放棄學業。我也曾多次想放棄我的家庭事業，因為要靠它為生實在很困難。但這種情況永遠不會改變。因此，我放棄了我的會員網站，因為我想得很清楚：「按照這種速度，我需要十二個月才能累積到一千名付費會員。而且，在第一個月內，已經有好幾個人取消訂閱了。

所以，如果我把取消訂閱也算進去，那麼，要累積到一千名會員就需要更多時間。此外，在過去六週裡，我感到有義務為我的付費會員提供獨家內容。我希望他們從會員制中得到一些東西。這種壓力花了我很多時間，而我大可用這些時間來發展我的家庭事業，或者提升我的教學事業。總而言之——會員制網站對我而言不是一個正確的決策。」我並沒有簡單地去計算1000/78，而是想得更遠。你要如何讓人們留下來？你要付出多少努力？是否有其他方法可以達到我的目標？有很多其他的方式可以讓我幫助別人。

我也有其他很多方法可以為生。所以，我才在短短六個星期之後，決定要終止我的會員制網站。事情沒有成功並不等於世界末日。做出決定。堅持你的決定。繼續往前。回顧只是為了學習。

當我回顧我設立會員制網站的實驗時，我發現自己原本可以輕易地避免浪費很多時間。我花了三個月建立會員區、網站內容、寫文案等等。在我開始之前，我知道經營會員網站會需要時間。記得關於細節的那一章嗎？如果你想做一份工作，那就把它做好，否則就不要做。如果是這樣，我應該什麼都不要做。為什麼？因為我花了太多時間經營家庭事業、寫文章、寫書、創作課程和諮詢。我從回顧中學到，我在每一個生活層面，都只能承擔一項重大的計畫。

所以，是的，你可以回顧，但不要注視太久。活在當下。

善用你的時間

時間是有限的。我們遲早都會明白這點。一旦明白了，我們就會開始更關注我們運用時間的方法。思考是一把雙面刃。它可以幫助你，也可以摧毀你，其結果取決於你如何使用你的想法。你的大腦是一個工具——僅是如此。在本書中，我分享了我如何學習到更有效地使用我的大腦。有時候，你必須用不同的方式思考，而有時候，你必須完全停止思考。你何時要採取哪一種方法，由你自己來決定。但不管你怎麼做，不要花太多時間在思考上，因為那是在浪費生命。不管怎麼說，沒有行動，思考本身就毫無意義。不過，一如我們之前所說，先有思考，才有行動。

有效的思考？有效的行動。

為了讓我的意思更清楚，我列出了我認為有效的思考：

- 讓你的生活更好
- 讓你的職涯和事業成長
- 想像你的未來
- 思考新點子
- 解決問題
- 想出一些和伴侶、家人或朋友一起做的有趣事情

這真的沒有那麼複雜。不過，堅持這種思考方式不僅非常困難，而且需要努力。不要期待在讀完本書一次之後，就變成了務實的思考者。一如所有的技巧，「更好地思考」需要每天練習。我把檢視每天發生的事情當作一種練習，來幫助自己更好地思考。

因為如果我不這麼做，我就會開始浪費時間在沒有意義的事情上，例如抱怨、為自己感到難過，並且無法享受我的生活。

我們都思考太多，因而錯過了享受生活的機會。而這與別人做了什麼千奇百怪的事情無關。我們都知道，生活的美好在於那些小事。今早你醒來時，你可曾注意到陽光？或者雨滴？你有留意到咖啡的香氣嗎？你有感覺到麥片的口感嗎？

如果你的答案是否定的，那麼，你絕對需要跳出你的大腦。**停止思考，開始感受。**

內在的平靜

本書所有的內容，其最終目標只有一個：內在的平靜。無論你在生活中經歷了什麼，無論你發生了什麼事，你的大腦在任何情況下都應該保持平靜。

這是生活的最終目標。掌控大腦意味著我們控制自己的思想。記住：你只能透過每天練習來達成這個目標。有些人把它稱為冥想，有些人則稱之為正念。不管你把「找到內在的平靜」叫做什麼，都不要讓它變得過分複雜。你不需要上一堂一萬元的課，來學習如何在大腦中找到平靜。

你只需要坐下來，與自己的想法共處，觀察它們，然後忽略它們。冥想就是這麼簡單。

我隨時都在「冥想」——當我走路、運動、寫作、等待、坐著、躺著，不管做什麼時。我總是能找到時間和精力深入自己內心，找到平靜。做到這件事並不需要任何工具。認識到這一點很重要。雖然我以前曾經說過，但由於它實在太重要，所以我要再重申一次：你不需要瑜伽墊、音樂或老師來幫助你控制自己的想法。任何時候，你都可以深入自己的內心找到平靜。你也不需要假日、新鞋或一杯酒。

我怎麼知道這一點？我掌控了我的大腦。它做什麼由我來決定。**你也可以**。

不要以自我為中心

我在本書中分享的許多想法都來自於實用主義哲學。如果你Google「實用主義」，你可能會看到這個哲學運動的創始者是約翰．霍普金斯大學的前教授查爾斯．桑德斯．皮爾士。不過，如果你深入了解這個哲學體系背後的故事，你會發現其實是威廉．詹姆士在一八九八年時，把創始者的頭銜歸功給了查爾斯。

儘管查爾斯．桑德斯．皮爾士在一八八〇年代曾是備受尊敬的學者，但在十九世紀末，他卻失去了人心。詹姆士和皮爾士在一八六〇年代相識，當時，他們都是哈佛勞倫斯科學學院的學生。曾經被視為數學和邏輯天才的皮爾士，後來成為了約翰．霍普金斯大學的教授。但在一八八四年，他因為一宗與再婚有關的醜聞而失去教職。這真的是一個悲傷的故事。皮爾士的第一任妻子於一八七五年離開他，在那之後不久，他在仍然已婚的狀態下和另一名女子開始交往。然而，直到八年後，他才終於離婚。在這八年期間，他和一名不是他妻子的女子同居。很顯然地，皮爾士的同事塞蒙・紐康伯告發了他。結果，這起醜聞引發了公眾的注意，最終導致他被解職。

令人難過的是，皮爾士再也沒有找到學術界的工作，並在他被解職之後，度過了幾年貧困的生活。皮爾士甚至在紐約街頭流落了好幾年。

除了他的老朋友威廉・詹姆士之外，沒有人幫助他。在一八七〇年克服了憂鬱症之後，詹姆士開始撰寫一系列的著作，而這些著作在超過一個世紀以後依然保有影響力。詹姆士因為出版了《心理學原理》一書，而成為哈佛的教授和學術名人。他花了十二年的時間寫成這本書，並在一八九〇年出版。不同於他的朋友，詹姆士的職涯持續成長了好幾年。

一九八九年，威廉・詹姆士在一場名為「哲學觀念與實際結果」的演講中，出人意料地把「實用主義原理」歸功於被遺忘的查爾斯・桑德斯・皮爾士。實用主義是指一個人必須關注想法的實際價值。詹姆士認為，科學家把時間浪費在對人們的生活不具影響的抽象概念和理論上。如果科學家證明了地球是如何被創造出來的，你會因此而改變你的生活方式嗎？《實用主義：讀者》一書的作者路易斯·梅南對實用主義原理表示：「我們永遠無法期待事情會有絕對的證明。我們所有的決定都基於宇宙的現況以及對於宇宙未來會如何發展的推測，這種做法就像在押注一樣。」不管人們對實用主義的看法為何，有一件事是肯定的：威廉·詹姆士幫了皮爾士一把，將這個哲學理論歸功於他。而那正是讓詹姆士變得偉大的原因。

他並沒有為自己創造的東西邀功。沒有詹姆士的行動和他對實用主義的推廣，這門哲學就不會存在，皮爾士也會遭到遺忘。

詹姆士藉由將功勞歸於他人做了一件有意義的事——他幫助了一位朋友。皮爾士重獲了一些尊敬，甚至在晚年時寫了幾篇論文。而那是我從詹姆士的智慧中學到的最重要的事。

威廉・詹姆士曾經說：「把生命用在比生命本身更持久的事物上，就是最極致地利用了生命。」從實際的角度來看，做一件會比自己存在更久的事其實沒什麼意義，因為，反正你無法親眼見證到它。但這不是重點。如果我們每天都帶著這個想法生活——我們應該努力去做／創造對他人有意義的事——我們終將能把時間投入到真正能帶來改變的事情上。當你這麼做的時候，生活自然而然就會對每個人都有意義。

額外章節

謝謝你閱讀這本書！你剛剛讀完了常規章節。我在本書的特別版裡添加了七個額外章節。希望你會喜歡！

處理分心的因素

最近，我讀到一篇文章說，自二〇二〇年以來，新聞應用程式的使用量在所有指標上都暴增。新聞網站擁有了更多的使用者，而這些使用者花在新聞網站上的時間比過去更多。當我讀到這篇文章時，我立刻相信了。只要看看你自己就知道了。你是否比二〇二〇年以前接觸到更多的新聞？對我來說，的確是。

然而，不只是新聞。這幾年，生活比以前更容易令人分心。我之所以注意到這一點，是因為我一直都在觀察自己和他人的行為。我們正在面對更多讓我們分心的因素。很大一個原因是，我們感受到的威脅更多了。想想看：

- 通貨膨脹
- 地緣政治緊張
- 經濟衰退
- 熊市
- 可能出現的新疫情
- 犯罪率上升

我不知道你住在哪裡，但一般人給我的感覺是，他們變得更焦慮了。人們似乎總是行色匆匆。

觀察別人很容易，但觀察自己就困難多了。

所以，「處理分心的因素」第一步是：察覺。

這點的重要性現在來到了史無前例的地步。多花一點時間來檢視自己。你通常花多少時間在手機上？

你對自己每週運用時間的方式感到滿意嗎？你放棄了什麼好習慣？上次我檢視自己時，發現我花在手機上的時間比平時更多。有幾個星期，甚至多了將近50%。

當你開始察覺到這種事情時，你的大腦通常都會想出一個藉口。我會這麼想：「我需要查看股價和關於經濟的新聞。」

那不是理由。事實上，除了正在旅行，我想不出什麼更好的理由能讓自己花更多時間在手機上。當你在路上時，更常使用手機是很正常的，因為你正在移動中。但除此之外，我們只是被手機操控，而不是在使用手機。

第二步：下定決心以更好的方式運用時間

一旦察覺到自己浪費時間的方式，你就會想要找出運用時間的其他方式。讓自己分心確實是一個很難戒掉的習慣。

人們想要戒菸時會採取什麼策略？他們會找另一個活動來取代抽菸。每當抽菸者感到想抽菸的衝動時，他們可能會出門散步五分鐘。

每次你即將分心時，你就需要一個更好的活動。例如：如果你一睡醒就開始查看社群媒體，那麼，不妨轉而試著聽有聲書。

如果沒有好的替代活動，我們絕對無法停止分心。你需要一個更好的方式來運用這段時間，而不是閱讀新聞或收看新聞。你可以經常提醒自己一件事：

閱讀新聞讓你感到焦慮和消極，而閱讀歷史則讓你感到樂觀。

那是因為新聞總是聚焦在壞事上，而歷史則聚焦在好事上。總是有很多事能讓你感到樂觀，你只需要努力去找出那些事情。

這一切都從掌控你的注意力開始。這是一場持久的戰鬥，而這場戰鬥正在變得越來越艱難。

不過，這正是把自己的注意力列為優先考量之所以重要的原因。因為在現今的經濟環境下，大部分人乾脆不再思考了。他們變成了機器人，被吸引他們注意力的事物所控制。

掙脫這種情況，掌控自己的注意力。

並且專注於讓你享受生活的事物。

激勵自己

讓我們談談我最喜歡的主題之一：動機。對我來說，這個主題永遠不會過時，因為動機不會持久。我從來沒有見過有人一年四季都充滿動力。

有時候，你會感覺到不想做太多事，這是完全正常的。這是我經常和我的摯友談論的話題之一。他還有兩週就要結婚了，這一年來，他都充滿了幹勁。他想在婚禮那天呈現出自己最好的樣貌。

我從來沒看過他這麼堅持不懈。這一年裡，他幾乎每天都運動。而在其他方面，他也同樣表現得很好。

但他過去的運動習慣並非如此。他會運動幾個月、受傷、放棄，然後幾個月後再試著重新開始。那真的是一個非常惱人的循環。

現在，他有了如此重大的目標和期限，所以，他隨時都保持著高度的專注。他一分鐘都不想偷懶，因為婚禮正在一天天地接近。我們都應該這樣生活。

「婚禮之後才是挑戰所在。」他說。我經常在這份電子報裡談到目標，因為它是快樂最重要的關鍵。

當我們為一件事努力時，那是我們最快樂的時候。當我們達成自己設定的目標時，我們本身未必會有所改變。這完全沒有關係。我們永遠不應該期待自己會因為完成目標而變得有所不同。真正改變的是，你在設定目標後所採取的生活方式，而生活方式的改變才是造成區別的關鍵所在。

讓我問你：你對自己的生活方式感到滿意嗎？如果不滿意，那就設定一個新的大目標。我朋友和我正在考慮參加鐵人三項。我的泳技很糟，我很想學習正確的游泳技巧。

不過，大目標不一定非得和體能相關。那可以是學習新的語言、寫一本書、創業、閱讀更多書籍。你想到的任何事都可以。

設立一個目標，而且那個目標需要「全心投入的生活方式」。

A、B和C計畫

過去兩年裡，我們很多人都做過沒有成功的計畫。所以，我們越來越習慣一個事實，那就是A計畫並不總是能成功。

為了確保我們繼續前進，我們需要好幾個備用計畫。不止一個。如果你為自己準備了好幾個計畫，那你就有很高的機會至少可以執行其中一個。我喜歡準備B計畫和C計畫，因為生活就是在不斷地變動當中。

如果你立下一個特定的目標，而這個目標沒有達成，你不會想要就此放棄。你會想要繼續往前邁進。讓我在接下來的部分舉出幾個例子。

A計畫：創辦一份能帶來被動收入的網路事業

那是我在二〇一五年辭去公司工作時的計畫。我不想回到我的家庭事業，也不想找一份不同的工作。所以，我的A計畫是創辦一份網路事業——與經營部落格或擁有個人品牌無關的事。我研究過好幾種不同的事業，例如直運、聯盟行銷和引進某個消費品牌的白標產品製造商。

我的B計畫是從事諮詢和輔導。而C計畫最終變成了我的部落格和線上教學課程。

我試過A和B計畫，但我並不喜歡它們。我是那種無法假裝興奮的人。如果我嘗試做了某件事，而那並不能讓我感到興奮，我就覺得自己不可能去從事那些事。

於是我想，給C計畫一個機會吧。我開始經營部落格和寫書，並立刻感到樂在其中。七年後，我仍然在做這件事，而它原本只是備案中的備案。

這並不罕見。我們大多數的想法都無法實現。這沒關係。但是，當你最初的計畫或想法無法成真時，你應該有已經準備好的備案。你最不想看到的情況是，將所有的精力和焦點都集中在一個目標上，但如果它行不通，你就會陷入困境。讓我再舉個最近的例子。

A計畫：幫我的新書找一家出版社

在自費出版了其他幾本書之後，我現在正致力於這個計畫。我想嘗試以傳統方式出版我那本關於斯多葛財富管理的新作品，因為我認為這本書有可能吸引很多讀者。

- B計畫是自費出版。而C計畫是將它變成線上課程。
- 如果A計畫行不通，我就會開始著手B計畫。如果那還是不管用，我會立刻進行C計畫。

「我的備案計畫應該要多詳細？」

你不需要把備案計畫的所有細節逐條列出。但你確實需要思考你可能會在B計畫和C計畫中進行的一些活動。二〇一五年時，我曾經以「列出要點」的方式來制定我的計畫。以下是當時B計畫的內容：

- 建立一個諮詢網站
- 利用現有的人脈和LinkedIn尋找潛在客戶
- 透過電子郵件聯絡他們，並提議安排通話
- 閱讀《百萬顧問》這本書
- 以收取高價為目標

如果你已經考慮到細節和行動，你無疑就進入了一種積極的心態。這就是關鍵。在面對生活和職業生涯時，你應該保持積極主動。

當你保持積極主動時，無論遇到什麼困難，你總是能解決。那也是一種能帶給你安慰的心態。有了積極主動的心態，你就無須擔心陷入困境、失業或者生活中沒有目標。

希望你覺得這有所幫助！這一直是我生活和職涯中最重要的策略之一，我可以誠實地說，它確實有效。

你已經預設會被「拒絕」

當我們談到自立時，我們通常會提到它的好處。在日常生活中依靠自己是一件很棒的事。當你信任自己的判斷時，你就比較不會依賴他人的答案來尋求解答。拉爾夫・沃爾多・艾默生因為發表了一篇關於這個概念的論文而聞名。

如果你還沒有讀過這篇論文，我強烈推薦你去看看。艾默生主張在信念上要自立。他是「獨立思考」的倡導者，提倡在過自己的人生時，要依賴自己的思考。

想想你追求的職業生涯、你信仰的宗教（或不信仰）、和你一起共度時光的人、你穿的衣服、你擁有的想法。當你做這些事情時，不應該在乎他人的看法。

這樣很好。我相信你也認同。

但我們也可能誤解自立。有時候，我們認為它意味著我們真的應該事事都靠自己。如果你認為凡事都自己來比較好，那其實並不是一個好跡象。通常，有野心的人與熱衷個人發展的人都會這樣。我就是如此。你也非常可能有這些傾向。

如果你覺得很難開口求助，那你對自立的理解就太極端了。你可以透過以下的方法來判斷這樣的理解是否有問題。你是否總是有股衝動，想讓別人知道你沒事？即便情況一點都不好？

如果你覺得你總是需要擺出一臉正經的樣子，那你就活在了巨大的負擔之中。聽著，我們無須完美。有時候，事情並不順利，而這也是生活的一部分。

多求助！

在我的經驗裡，大部分人都不會開口尋求幫助、支持或反饋。無論是專業還是個人層面。我們常常試圖自己解決問題，但這通常不會帶來更好的結果。

上星期，我的一名寫作課學生強納斯發訊息給我，他是一名高中生。他想要問我關於寫作的幾個問題，也問我是否能夠簡短地通話十五分鐘。

我可以感覺到強納斯很認真，因為他的訊息顯然經過深思熟慮，而且他要問的問題也很重要。因此我答應了。你會發現，只要你開口求助，大部分人都樂於幫助你！當你對於自己為何求助於人以及你想要什麼都誠實以對時，你通常都能得到回應。

如果你被拒絕，你也不會變得更好或更糟。如果你的要求被答應了，你就會有所收穫。我們通常都太過體貼。我們假設別人很忙，無法為我們騰出時間。當然，如果強納斯要求和我通話兩小時，我可能就無法答應。但由於他所求不多，所以我很容易就答應了。這就是開口要求時的關鍵。

你得讓事情看起來容易一些，這樣，別人才會答應你。

同樣的事情也發生在約翰身上，他是我的編輯和研究員。我向來都用PayPal支付他的費用，因為我們第一次就是這樣支付的，所以，我們就一直沿用這個方式。

他問我是否能將付費方式改為銀行轉帳。他很誠實地告訴我，PayPal會收取手續費。這對我們雙方來說都是事實。所以，如果我們能夠省錢，我當然願意改變付費方式。

然而，如果他沒有提出要求的話，我們就會繼續使用PayPal，並繼續支付他們收取的手續費。改為轉帳對我們兩個都比較好。

因此，如果你需要別人幫忙，或者有什麼事困擾你，又或者你想要改變什麼，只要開口要求就好！正如荷蘭人所說：你已經預設會被拒絕，但別人也可能答應幫助你。

觀點的重要性

我們來談談「觀點」。特別是關於在生活中要達成任何值得努力的目標，通常需要多久的時間。這是一個大多數人都意識到的話題。問題是，在日常生活中，我們經常會失去觀點。

首先讓我問你：你現在正在努力達成什麼？

有些人會說：「我正在努力創業。」而其他人可能會說：「我不知道。我想我沒有在努力做什麼。」

如果你屬於前者，你可能等不及要達到某個特定的成果。如果你屬於後者，你可能要等到自己非常清楚地知道要做什麼，才會有所行動。我們大部分人都想要立刻有答案、立刻就很清楚。但如果你看看人們的生活，這種事在現實裡是不會發生的。事實是，一切都比我們期待的還要花時間。

有些人直到五十幾歲才找到自己的天命。你應該一直等待，直到你找到自己想要奉獻一生的事情嗎？每個人的答案都是否定的。但很多人真的就是這樣過日子的。

「我不知道自己這輩子想做什麼。」很多人都這麼說。而他們說這句話時，好像這是一件壞事。「我不知道自己想要什麼，這真讓人沮喪。」

為什麼？為什麼要這麼評價？只需要陳述事實就好了。「我不知道我想要什麼。」就這樣。這既不是好事，也不算壞事。

就是這樣。只因為你不知道自己想要什麼，或者你已經花了好幾年的時間在達成某個目標，並不代表你的生活沒有意義。

從宏觀的角度看待事物

我認為每天都從宏觀的角度看待事情很重要。你始終希望能以宏觀的角度看待生活。你也希望對歷史持有符合現實的看法。

如果大部分的百萬富翁都需要數十年的時間來累積財富，那麼，期待自己能在五年內達成這個目標就太不切實際了。這不可能嗎？不。絕對不是。確實有人在一夜之間成為了百萬富翁。

這可能嗎？不。

而這就是觀點——你能理性思考、了解什麼是切合實際，而什麼又不切實際的能力。但唯有了解歷史才能擁有觀點。如果你只是觀察自己的生活和周遭，你就無法客觀地看待事物。這就是為什麼許多人感到沮喪的原因。他們只是活在自己的小世界裡。

他們藉由電影和娛樂作為靈感來源。然而，你應該與那些在人生中有所成就的人交談，並閱讀關於有趣人物的生活故事。

最近，我買了大衛·麥卡洛的一本關於西奧多·羅斯福的書。書名是《馬背上的早晨：一個非凡家庭的故事、一種消失的生活方式和那個成為西奧多·羅斯福的獨特孩子》。

我買這本書是因為書名。當然也因為麥卡洛的名聲。他是一位知名的傳記作家。但我喜歡這本書的主題。它講述了羅斯福的年輕歲月，那是形塑羅斯福性格的關鍵時期，而這段時期在他四十歲左右、性格已然成形時結束。

這本書不是關於他在當上總統以及在那之後的那些年，雖然那是他最有名的時期。這也是一種觀點。麥卡洛更感興趣的是，是什麼造就了他成為日後的那個羅斯福。

刻意保持無知

由於要達成目標需要很長時間，所以，我們有時需要刻意保持無知。這不是指字面上的無知，而是故意對某些事情保持無知。最近，我聽了一場知名投資者霍華德・馬克思的訪談。他因為投資上的成功和寫作而聞名。

有十年的時間，他在連一則回覆都沒有收到的情況下，不斷地寫備忘錄給他的客戶！那是一段很長的時間。而他只是持續這麼做。在沒有任何回覆之下堅持了十年，這確實是一段很長的時間。大部分人都會放棄，因為沒有人在乎到會回信說：「謝謝，那很有幫助。」

你可以把這稱為執著或無知。他的行為讓我感到尊敬。要過上好的生活，這樣的行動是必要的。有什麼是你現在就想放棄的？或者你現在只是過著慣性的生活？

人生很長。放下你的疑慮和評價。持續往前邁進。做一些能帶給你能量和喜悅的事情。

當你卡住時，不要強迫自己

萬一你真的很努力，但卻無法取得任何實質的進展呢？我想，這是很多人現在能夠感同身受的事。生活和幾年前已經大不相同了。前幾天，我遇到的一個人說：「人們似乎越來越瘋狂了。」

我想這是真的。我剛在華爾街日報上讀到一篇關於飛機上奧客數量的文章。今年，激進和粗暴的乘客在飛機上引發的事件比往年更多，而今年還剩下五個月呢。

在某種程度上，那反映出日常生活中發生的事：交通上、商店裡，任何你能想到的地方。此外，工作和生活也越來越困難了。一切都越來越貴，在大部分的城市裡，房地產的價格高到令人無法接受。

還有許多諸如此類的事情。結果，我們承受著巨大的壓力和焦慮。而當你試圖實現目標時，卻常常因為筋疲力盡而無法做到。

上週六，我的一位好朋友來找我，他說他很受挫，因為他發現自己浪費了很多時間。接著，他開始生氣。後來，他感到內疚。最有野心的人總是最苛求自己的人。因此，我們需要關閉內心的批判。

如果你發現自己很焦慮、浪費時間、沒有進展，你會怎麼做？上個月，我問過很多人這個問題。每個人的回答都類似這樣：「我會試著制定新目標，並且做出改變！」那些沒有這麼說的人則企圖強迫自己把事情做好。

錯！

下次，你感到卡住時試試這麼做：隨它去。沒錯，真的。只要隨它去就好。接受當下。什麼也不用做！「等等，什麼？可是，你向來都在談生產效率，不是嗎？」當我這麼說時，我朋友就是這樣回答的。

那是真的。我是一個講求長期生產效率的人。我總是談論如何過著有效率的生活。而生活總是起起落落。期待自己全年如一地保持一致並不現實。當你試圖強迫自己保持高效時，事實上，你只是在自我妨礙。這真的行不通。我明白，網路上有很多人每天都在這麼做。

但那並不適合所有人。這總是讓我感到驚訝：人們喜歡關注像蓋瑞．范納洽①和喬科．威林克②這樣的人，並假設自己也能做到同樣的事。我喜歡這些人。但這並不意味著我會嘗試同樣的事。那就像關注伊隆．馬斯克，然後試圖建造火箭一樣。

有些人天生基因就不一樣。如果我只睡四個小時，但工作十八個小時，我會崩潰。聽著，如果你有一兩週過得很糟，那並不是世界末日。只要你具有良好的動機，並且想要持續改善自己的生活，偶爾浪費一點時間也無傷大雅。

---

① 蓋瑞．范納洽（Gary Vaynerchuk）又名GaryVee，是生於1975年的美國網路傳奇、連續創業家、社群媒體專家、YouTuber、紐約時報暢銷作家。

② 喬科．威林克（Jocko Willink），1971年出生，是美國作家、播客和退役的海豹突擊隊軍官。2010年自海軍退伍後，威林克成立了「前線部隊」管理顧問公司，將他在戰場上學到的自我管理和團隊管理原則傳授給各種產業和領域的客戶。

我知道魔鬼藏在細節裡。但說真的，人生太短暫，不需要因為浪費了一些時間而對自己生氣。

只有當我們日復一日、年復一年地過著這樣的生活時，浪費時間才會成為問題。果真如此的話，你可能會在回首人生時感到遺憾。

不過，除此之外，你不會有事的。當你不抗拒沒有生產效率的行為時，有趣的事情就會發生。你順其自然，不逆流而上，享受生活。你會吃點冰淇淋和薯片，然後看場電影。

然後，過了一陣子以後，你就厭倦了這些事。你會再度對某些事感到好奇。你想要運動。你想要再度往前邁進。

而那就是你想要再度全力以赴的時候！

未雨綢繆

我們經常要面對選擇現在還是選擇未來的決定。我們要選擇當下短暫的快樂？還是投資自己，擁有更好的未來？

而做這些決定之所以如此困難，是因為生活原本就很困難。我們完全不知道未來會發生什麼事。一切都充滿不確定性。但你我可以透過自我準備來應對這些挑戰。

我想挑戰你，是否能做到未雨綢繆。大部分人都相信所有的困難都已經過去。但事實是，我們才剛開始面對更多的不確定性。我們能做什麼？讓我們專注於我們能做的事。因為擔心生活會有多麼困難根本無濟於事。

1. 每天提升你的技能

你能提供的價值越多，你就越不可能失業。這一點現在比以往任何時候都更加重要。所以，就算是在假期，也要每天至少空出一個小時來提升自己。或者學習一項新技能。

2. 創造一個新的收入來源

無論你是否擁有一個或數個收入來源，都試著在今年再增加一個。你是否能多賺兩百或兩千元並不重要，重要的是這個收入來源經得起未來的考驗。

想想數位化的事物。想想二〇二〇年全球疫情的高峰期。當一切都關閉時，什麼東西仍然在運行？書籍、課程、部落格、房地產、股票、網路商店、食物外送，任何你能想到的東西。

3. 保持體型

放棄良好的習慣並享受假期，這個想法很誘人。雖然享受假期是件很棒的事，但我們仍然可以保持體型，繼續運動。

4. 冥想

或者至少做一項有助於讓自己活在當下、享受生活的練習。

5. 投資

這是目前我腦海中最重要的事。即便有時候前景看似黯淡，我仍然想繼續投資。去年，我們就看到了股市在三月崩跌後又迅速地回彈。

這也是一個重要的人生經驗。我們常常經歷危機，但總能重回正軌。然而，如果我們放棄或害怕，就會錯過未來潛在的收穫。所以，我們需要時時留意世界上的機會。雖然，一切聽起來似乎很費勁，但其實並不難。只要減少花在社群媒體上的時間，而將更多時間用來學習投資和提升生活品質。

重點在於，在未雨綢繆和活在當下之間找到平衡。

當我們想要未雨綢繆時，我們也想要享受當下的生活。如果你只專注於未來，反而會適得其反：你會感到更焦慮，而不是更有確定感。我每週都花幾個小時在計畫和思考未來，接著，我要不就直接執行計畫，要不就享受當下的生活。

我的時間觀大致是這樣的：

- **1%關注過去**：我沒有在本書裡提到這點，但這是我經常寫到的主題。我偶爾也會反思過去，以便學習。但我不想卡在過去。回顧過去對我而言只是為了學習。
- **9%關注未來**：這就是我投入計畫和思考的時候。我不想總是在沉思之中。
- **90%關注現在**：這就是我執行計畫以及享受生活的時候。

你不需要每天都未雨綢繆。只要每週幾次，確保自己已經準備好就夠了！做計畫是一種你會越來越擅長的腦力鍛鍊。

所以，剛開始做計畫的時候，如果你覺得自己彷彿沒有在做什麼有意義的事，這很正常。只要一年左右，一切都會有意義。

幕後花絮

謝謝你和我一起走過這段旅程。我的目標是帶你進入我的思考過程。希望這本書能帶給你幫助，也希望你反覆閱讀，特別是在困難時期。

我很感謝你花時間讀完《關鍵思考力》。決定讀某一本書而非另一本書，對擁有上百萬選擇的讀者而言似乎是一件小事，但對我這個作者而言卻意義重大。所以，謝謝你。為了表達我的感謝之情，我想回饋給你一些東西：一本額外的電子書，讓你一窺我不對外公開的個人日記。在這本《關鍵思考力》額外的電子書裡，我將帶你更深入地了解本書的創作過程。

如果你喜歡這本書，並且想要了解它是如何創作的，請前往DariusForous.com/THINK-STRAIGHT-BONUS，訂閱我的電子報，並免費下載這本額外的電子書。

我希望我們可以繼續討論如何更好地思考，也希望看到其他人在生活中過得順利。因此，請走出去，讓好事發生。然後，讓我知道！

保重，

達瑞斯

延伸閱讀

像威廉・詹姆士、查爾斯・桑德斯・皮爾士與約翰・杜威這樣的實用主義者並沒有把自己視為哲學家。事實上，他們相信大部分的哲學都是無用的。

即便我們今日可能稱他們為哲學家，但他們卻有其他的職業。在歷史上，實用主義的思想家都有自己的職業，例如法官、教育家、政治人物和詩人。

他們並未沒完沒了地討論哪一種哲學最好，而是運用實用主義的理念來改善生活。要過上美好的生活，我們並不需要不斷地鑽研哲學。我們需要的是行動！這就是我為什麼要讓本書的「延伸閱讀」保持簡明扼要的原因。

如果你想進一步了解實用主義的思想，我推薦你閱讀威廉・詹姆士的著作。他是我迄今為止最喜愛的實用主義思想家。

拉爾夫・巴頓撰寫的詹姆士傳記，也深入展現了他的實用主義思想，並收錄了他的日記內容。如果你只想讀一本關於實用主義概述的書，我會推薦路易斯・梅南的著作，這本書收錄了幾位最重要的實用主義哲學家的重要文本。

在他的書裡，梅南也分享了一篇深具洞見的引言，進一步揭示了實用主義的核心思想。

希望你會喜歡！

- 威廉・詹姆士的《實用主義》及其他著作
- 拉爾夫・巴頓・佩里的《威廉・詹姆士的思想與性格》
- 路易斯・梅南的《實用主義：讀者》

感謝你的閱讀

謝謝你花時間讀完這本書。非常感謝你決定把時間投入在這本書上，而不是許多其他你可以做的事。我創作每一篇內容的目的，是希望能分享一些但願有人早點告訴我的事情。

我曾經承諾自己要終身學習，並在我的部落格和書籍裡分享一切。沒有讀者，我就稱不上是作者。因此，謝謝你讓我成為一名作者。

如果你想保持聯絡或發電子郵件給我，請在此訂閱我的免費電子報：dariusforoux.com

達瑞斯

關鍵思考力

Think Straight

關鍵思考力 / 達瑞斯.佛魯(Darius Foroux)作 ; 李麗珉譯. -- 初版. -- 臺北市 : 春天出版國際文化股份有限公司, 2025.08
面 ; 公分. -- (Progress ; 49)
譯自 : Think Straight
ISBN 978-626-7735-48-0(平裝)
1.CST: 思考 2.CST: 思維方法
176.4 114009493

Better 49

編 著◎達瑞斯・佛魯
譯 者◎李麗珉
總 編 輯◎莊宜勳
主 編◎鍾靈
出 版 者◎春天出版國際文化股份有限公司
地 址◎台北市大安區忠孝東路4段303號4樓之1
電 話◎02-7733-4070
傳 真◎02-7733-4069
E－mail◎frank.spring@msa.hinet.net
網 址◎http://www.bookspring.com.tw
部 落 格◎http://blog.pixnet.net/bookspring
郵政帳號◎19705538
戶 名◎春天出版國際文化股份有限公司
出版日期◎二〇二五年八月初版
定 價◎260元

總 經 銷◎楨德圖書事業有限公司
地 址◎新北市新店區中興路2段196號8樓
電 話◎02-8919-3186
傳 真◎02-8914-5524
香港總代理◎一代匯集
地 址◎九龍旺角塘尾道64號 龍駒企業大廈10 B&D室
電 話◎852-2783-8102
傳 真◎852-2396-0050

ISBN 978-626-7735-48-0